読者限定

ことりっぷ co-Trip 海外版

グアム

電子書籍が無料ダウンロードできます♪

電子書籍のいいところ

購入した「ことりっぷ」が
いつでも
スマホやタブレットで
持ち運べますよ♪

まずは
ことりっぷアプリを
ダウンロード

詳しくは裏面で

いってきます。

グアムに行ったら…

TUMON TRADE CENTER
GUAM U.S.A.

SWEET POTATO AND TARO

JCT
1 GUAM
4 GUAM
SOUTH
SINAJANA

さて、なにをしましょうか?

青い空と太陽の下で海を楽しんで、そのあとにスパやサンセットで心も体も癒されましょう。

まずは、コバルトブルーの海でのんびり過ごしましょう。手つかずの自然が残るジャングルハイキングでマイナスイオンを浴びるのもおすすめです。自分へのごほうびスパを堪能したら、きれいな夕日を眺めましょう。ローカル気分を味わえる街を散策するのもいいですね。

自然と笑顔がこぼれます。
野生のイルカをウォッチング ⇒P.20

check list

- ☐ 無人島やパブリックビーチでリフレッシュ ⇒P.18
- ☐ 野生のイルカに遭遇し癒される ⇒P.20
- ☐ タモン・ビーチでのんびりorマリンスポーツ ⇒P.22
- ☐ トロピカルな魚に囲まれて海を探検 ⇒P.24
- ☐ 美しいサンセットに感動 ⇒P.26
- ☐ グアムならではの人気アクティビティ ⇒P.28
- ☐ ごほうびスパでリラックス ⇒P.32
- ☐ ネイチャーツアーで大自然を満喫 ⇒P.56
- ☐ 朝市やナイトマーケットで地元にふれる ⇒P.64

プライベートビーチでのんびり。
ストレスフリーでリフレッシュ ⇒P.18

ラグジュアリーなスパで
心も体もデトックス ⇒P.32

イパオ・ビーチのサンセット。
ホテルに沈む夕日は格別です ⇒P.26

地元のマーケットを
ゆったり散歩してみましょう ⇒P.64

ジャングルを船で下ってマイナス
イオンをたっぷり浴びましょう ⇒P.56

グアムに行ったら…

なにを食べましょうか？

アメリカンなハンバーガーから、スパイスが決め手のチャモロ料理。ごほうびごはんも忘れずに。

ボリュームたっぷりのハンバーガーははずせません。伝統のチャモロ料理もおすすめです。絶景が望めるカフェは朝食にぴったり。お肉を食べ飽きたら、素材の味が楽しめるヘルシーフードでデトックスしましょう。おさんぽ途中にはひんやりスイーツでひと息ついて。

フルーツたっぷりのアサイーボウル朝ごはんにぴったりです➡P.85

check list

□ 海を眺めてごはん➡P.72
□ チャモロ料理➡P.74
□ ハンバーガー&フードコート➡P.76
□ ステーキ&シーフード➡P.78
□ 優雅なサンデーブランチ➡P.80
□ アメリカン&アジアン➡P.82
□ 居心地のよいくつろぎカフェ➡P.86
□ ひんやりスイーツ➡P.88

日曜はゆっくり起きて、ホテルのサンデーブランチでリッチに➡P.80

なにを買いましょうか？

キュートな水着やワンピをチェック。友達へのおみやげには南国のコスメを。グアム産のお菓子もおすすめです。

まずはタモンのショッピングエリアへ。ブランド品から安くてかわいい南国アイテムまでたくさん見つかります。ローカルスーパーではメイド・イン・グアムのアイテムを買いましょう。プチプラおみやげはABCストアで。ショッピングモールやアウトレットは掘り出し物の宝庫です。

グアムいちのショッピングエリア、タモンで買い物を満喫➡P.38

↑水着は南国ならではのデザインや柄がオススメ➡P.42

↓ビーチサンダルは現地で入手するのがツウです➡P.45

↓アメリカ発のコスメは「買い」です➡P.49

check list

□ タモンでショッピング➡P.38
□ 南国テイストな水着&ワンピ➡P.42
□ デザイン豊富なTシャツ&サンダル➡P.44
□ おしゃれ小物&キッズアイテム➡P.46
□ 雑貨やコスメ➡P.49
□ まとめ買いみやげ➡P.50
□ おみやげ選びにおすすめのShop➡P.53

ことりっぷ co-Trip 海外版

グアム

Contents

●アクティビティ
●見どころ&街歩き
●ショッピング
●グルメ
●ビューティー
●ナイトスポット

まずはグアムの概要について知りましょう

日本から南に約2500km離れた、マリアナ諸島の南端に位置するグアム島。
日本から近く、手軽に行ける南国リゾートですが、意外に知らないことも多いもの。
出発前に最低限の基本情報は知っておきましょう。

GUAMキホン情報Q&A

Q グアムまでのフライト時間は？

A 約3時間30分

国内空港の場所や航空会社により若干の差はありますが、所要時間は約3時間半。大阪や名古屋、福岡など、地方空港からの路線も充実しています。

Q ビザは必要なの？

A 90日以内の観光や商用であればアメリカのビザ免除プログラムが利用できるので原則としてビザは不要。渡航前に取得が必要な電子渡航認証システム（ESTA）の申請も45日以内の滞在なら不要ですが、ビザ免除書類➡P.101への記入が必要です。

Q 時差はどのくらい違うの？

A 日本の時間＋1時間

グアムと日本の時差はわずか1時間。日本が11時ならグアムは12時。時差ボケの心配がないので安心。

Q 何日ぐらいの滞在がいい？

A 手軽に行けるグアムへは、2泊3日や3泊4日のプランが人気。ショッピングやマリンアクティビティのほかに、レンタカーで郊外を訪れるなら、3泊4日にしたほうがゆっくりできるのでおすすめです。

Q グアムの気候を教えて！

A グアムは熱帯エリアに位置し、年間を通して温度変化があまりないのが特徴。6～10月までの雨季は湿度が高くなり、7～10月はグアム近海で発生した台風がしばしば上陸するため注意しましょう。

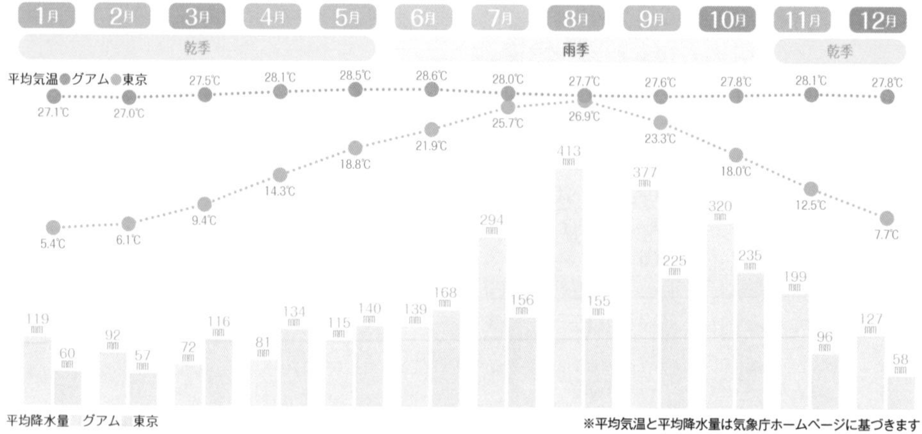

※平均気温と平均降水量は気象庁ホームページに基づきます

Q 通貨とレートについて教えて？

A $1＝約148円 (2024年1月現在)

通貨はUS＄（ドル）と¢（セント）で、$1=100¢。2024年1月現在、10000円＝約＄68になります。紙幣は＄100、＄50、＄20、＄10、＄5、＄1の6種類、硬貨は25¢（クォーター）、10¢（ダイム）、5¢（ニッケル）、1¢（ペニー）の4種類が流通。＄1紙幣はチップによく使うので用意しておきましょう。

両替は日本がベター。現地ATMが便利です

両替をする場合は、日本の方がレートが良いことが多いです。ただし多額の現金を持ち歩くのは危険。両替所を探したり並んだりしなくても、国際ブランドのカードやデビットカードがあれば、空港や街なかにある現地ATMから現地通貨が引き出せます。どうしても現地で両替したい場合は、銀行、両替所、大型ショッピングセンターなどでできるので特に不便はありません。

Q チップの目安はどのくらい？

A アメリカ社会ではサービスを受けたらチップを渡すのが当然の習慣。ホテルのベルボーイなどにはひと手間（荷物1個）につき＄1。レストランやタクシー、スパなどは、料金の10～15%が目安です。

チップの目安

<タクシー> 料金の10～15%
<ホテル> 荷物を運んでもらったら、1個につき＄1
毛布を持ってきてもらうなど頼みごと1つにつき＄1
ベッドメイキングは1ベッドにつき＄1
<レストラン&バー> 飲食代金の10～15%（セルフサービスの場合やサービス料が加算されている場合は不要です）
<スパ&ネイルサロン> 料金の10～15%

Q 公用語は？

A チャモロ語と英語が公用語として使われており、現在、人口の約4割がチャモロ語を話すといわれています。日本語を理解できる島民も多くいます。

Q お酒とタバコのルールは？

A グアムでは飲酒と喫煙は21歳から。お酒やタバコを購入する際、パスポートなどの提示を求められることもあります。お酒の販売は深夜2時～朝8時まで禁止されています。ビーチや公園、チャモロビレッジなどの公共の場所や車内での飲酒も禁止です。タバコは禁煙法により、屋内の公共の場や交通機関、ホテルでの喫煙が全面的に禁止されています。屋外でも禁煙の建物の出入口から約6m以内は禁煙エリアです タバコを吸いたいときは灰皿のある喫煙スペースで。

その他の基本情報は➡P.104をチェック

鉄道がないグアム

グアムには鉄道がありません。その代わり、タモンやハガニアなどの人気エリアや、ショッピングスポットを結ぶシャトルバスが運行されています。

➡P.106、付録P.12

グアムはこんな感じです

車なら3時間もあれば一周できてしまうグアム。ハガニアをはじめ、
ローカルタウンにはのんびりした村などが多く、スペイン統治時代の面影も残ります。
中心地のタムニング〜タモンにはショッピングセンターやホテルなどが集まっています。

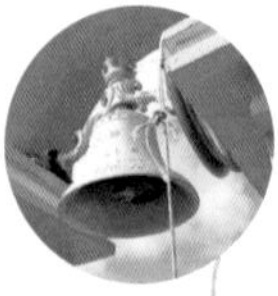

絶景広がる恋人岬では
幸せを祈りながらベル
を鳴らしたり…

透き通るような青い海、
リティディアン・ビーチ
でのんびり…

BEACH

アガット・マリーナから見る
サンセットには感動です

SUNSET

スペイン統治時代の
面影が残る史跡の街

2 ハガニア
Hagatna

スペイン広場 P.62
チャモロ・ヴィレッジ P.65

自然がいっぱいの島
レンタカーで巡りたい

1 南部
South Part

のんびりした光景が広
がるウマタック村にほっ
とひと息…

ジャングルの中にあるタ
ロフォフォの滝はマイナ
スイオンたっぷり

イナラハン天然プール
はローカル憩いの場

GOURMET

よく聞くチャモロ語講座

ハファ・ダイ　Hafa Adai…こんにちは
シジュウス・マアセ　Si Yu'os Ma'ase…ありがとう

グアムの中心地
ビーチもショッピングも
グルメも揃う

3 タモン Tumon

タモン・ビーチ **P.22•26•36**
T ギャラリア グアム by DFS **P.38**
デュシットプレイス **P.38**
JPスーパーストア **P.39•49•53**

デデド朝市ではローカルの
生活が垣間見えます

グアムの中心部タモン、タムニングのMAPはこちら

アルパット島
アガニア湾に浮かぶ無人島。熱帯魚の宝庫

マイクロネシア・モール
グアム最大のショッピングセンター **P.41**

グアム国際空港
グアムの玄関口。タムニングやタモンまでは車で約15分

SHOPPING

アガニア湾に面した
落ちついたリゾートエリア

4 タムニング Tamuning

グアム・プレミア・アウトレット **P.40**
リーガロイヤル・ラグーナ・グアム・リゾート **P.98**
星野リゾート　リゾナーレグアム **P.98**

移動には車(レンタカー orタクシー)・シャトルバスを利用します。

T ギャラリア⇔タムニング
タモンシャトル約35分／車約10分

タモン⇔ハガニア
タモンシャトル+ショッピングモールシャトル約60分／車約15分

タモン⇔タロフォフォ
車約30分

旅のしおり

常夏の島へひとっ飛び グアム3泊4日リフレッシュ旅

日本から約3時間半と、気軽に行ける南国リゾート、グアム。
海に行ったりドライブしたりと、常夏の空の下のんびりしましょう。
キレイなサンセットやスパで心身の癒しも忘れずに。

1日め

夜の便で出発して、
グアムには深夜に着きます

2:05 グアム国際空港到着

3:10 ホテル到着、おやすみなさい…

行ってきます!

約3時間半で着くので楽チン

仕事帰りでもOKの便利な夜便で週末リゾートグアムへ出発! 日頃の疲れを癒したい…

ホテル到着

夜発以外にも滞在時間が長い午前や夕方発の便もあるので、自分のスタイルに合わせて選択できますよ

便利な中心地にあるタモンにあるホテルに着いたらすぐに寝て、明日に備えましょう

2日め

のんびりと島をぐるっとめぐるドライブへ

8:30 タモン・ビーチを見渡せる絶景カフェで朝ごはん

9:30 タモン・ビーチをぶらぶらおさんぽします

10:30 レンタカーで島内ドライブに出発

10:45 恋人岬で景色を眺めます

人気のロコモコはとってもおいしい

カフェ「トゥリ・カフェ」 P.72のテラスで海を見ながら贅沢なモーニング

僕たちもビーチ大好きだよ

「タモン・ビーチ」 P.22・26・36で、海を眺めながらぶらぶらおさんぽ。朝なので心地よい

遠くまで歩いてしまって疲れた〜。シャトルバスで中心部まで戻ります

Let's go!

ひと息ついたらレンタカーで島をドライブ。どんな景色に出会えるのか、ワクワク気分

タモン湾に突き出た、グアムのシンボルといえる「恋人岬」 P.58でステキな景色を堪能

ドライブは気持ちいいよ

12:00 楽しみにしていた
ハンバーガーが目の前に♪
あっさりペロリ〜
ごちそうさまでした

13:00 いよいよ南部に向けて出発

13:30 ジャングルの奥地にある
タロフォフォの滝へ

15:00 ソレダッド砦から、
欧風の街並みと
静かな海を一望します

16:00 ハガニアでおさんぽ&
カフェでひと息。
タモンへ戻り、車を返却

18:00 グアムで絶対見たかった
水平線に沈む夕日に感動。
おいしいBBQも堪能し、
至福の時間を過ごします

21:00 タモンエリアでショッピング
グアムらしいおみやげをチェック

ドクロのイラストがトレードマークの「ジェフズ・パイレーツ・コーヴ」P.59でランチを取ります

グアム最大規模の「タロフォフォの滝」P.59はマイナスイオンでいっぱいです

「ソレダッド砦」P.61
の絶景に感動

イナハランはのどかな街です

「イナラハン天然プール」P.60は子どもたちの遊び場。イナラハン村では約100年前の住宅などが見られます

ハガニアは緑がいっぱいで
お散歩にぴったりです

キュートなクリームソーダ

人気カフェ「フィズ&コー」P.86でちょっとひと息。フォトジェニックなクリームソーダでのどを潤しましょう

キレイなサンセットに癒されます

「ビーチ ハウス グリル」P.73でキレイな夕日&絶品料理に舌つづみ

タモンエリアは夜遅くまでショップがオープンしているので、時間を有効に使えます

今日のごほうび
豪華なバーベキューディナー $77
絵画のようなソレダッド砦の絶景 $0

3日め

朝市でローカル気分を味わったあと、ココス島で海を満喫

6:00 シャトルバスに乗って朝市へ出発

7:00 土・日曜開催のデデドの朝市でローカルな雰囲気を味わいます

9:00 ホテルへ戻り、プールサイドでひと休み。イルカツアーへ行くために、水着や日焼け止めクリームなどを準備します

10:00 予約していたイルカツアー P.21に参加。ホテルからは、送迎バスで向かいます

「デデドの朝市」P.64に行くには、専用のシャトルバスがおすすめ（土曜のみ運行）P.106

朝市では、グアム産の食材や雑貨などが所狭しと並びます

朝ごはんがおいしいよ！

トロピカルなスムージー

ローカルが作ったフードやドリンクなどは、ぜひ味わいたいものばかりです

ホテルのプールではビーチチェアに寝そべって少し休憩。至福の時です

クルーザーに乗って出発。1時間以内にイルカと出会えることがほとんど

タオルも忘れずに

群れで泳いでいるイルカを発見。赤ちゃんイルカのおなかはピンク色で、大人のおなかは白色

水上滑り台

急斜面を滑って海へドボン！

弁当を食べてひと休み！

アクティビティを楽しんだらクルーズ船で港へ

アクティビティもこんなに満喫♪

シュノーケリング

カラフルな熱帯魚やウミガメに会えることも

トランポリン

海上に設置されたトランポリンで気分爽快

19:00 ちょっとリッチに
ごほうびステーキディナー

21:00 リッチなスパで
心身ともに癒されます

22:30 カクテル片手に
おしゃれなバーでまったり。
ガールズトークに花を咲かせます

今日のごほうび
イルカツアー　$52
ラグジュアリーなスパ　$135

4日め

朝ホテルを出て空港へ。
さよならグアム…！

12:00 お昼の飛行機で日本へ帰国

オージースタイルのステーキが人気な「アウトバック・ステーキハウス」➡P.78でディナー

極上スパでリラックス

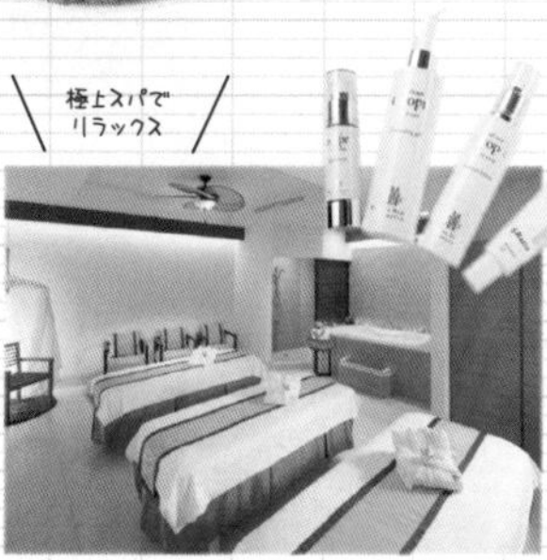

「スパ アユアラン」➡P.33で最高級のトリートメントを受けてまさに夢心地……

「グリーン・リザード」➡P.94で最後の夜を楽しみます

仕事帰り出発の
中2日でもたっぷり
楽しめました！
次はゆっくり
来たいな〜

この旅の収穫

たったの４日間だけど、キレイな海や夕日を見られて、最高な癒しの旅になりました。

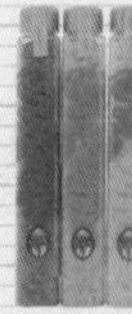

バスソルトは
友達への
おみやげに。
各$6.59

グアムで見る夕日は
特別キレイ！

いちばん
おいしかった
のはコレ！

朝市で食べた
おかゆ

パステルカラーの
ワンピース

近くを泳ぐイルカたちの思い出の一枚

南国らしさ
全開のサンダル

おみやげ
にはコレ！

マカデミアナッツ
チョコレート
$3.50

My favorite
グアム
My
フェイバリット

グアム好きが提案するサステナブルな旅の方法とは？

旅先の住民にも、環境にもやさしい旅をしようという「サステナブル・ツーリズム」が今、注目を集めています。美しいグアムのためにできることを今回の旅に取り入れてみてはいかがでしょうか。

旅行者やロコの意識の変化で海もきれいに。この環境を守りたいですね

アクション 1

サンゴに優しい日焼け止めを使う

ハワイでは、サンゴ礁に有害な成分が入った日焼け止めが禁止に。グアムではまだ禁止にはなっていませんが、サンゴ礁にやさしい商品が少しずつ広がっています。

美しいサンゴを守りましょう

ヌマロ・リフィレリー ➡P.48で買える、サンゴにやさしいサンクリーム

アクション 2

かわいいエコバッグを持つ

グアムでは使い捨てのプラスチックバッグは廃止になり、エコバッグが当たり前に。旅先でも持参しましょう。

スーパーでも販売してます

関連ページ ➡P.53

スーパーマーケットでもかわいいエコバッグが見つかることも

アクション 3

エコなおみやげを買う

何度も使えるミツロウラップや、洗って繰り返し使える生分解性素材のディッシュクロスなど、長く使える商品がヌマロ・リフィレリー ➡P.48にはいっぱい。どんなアイテムがあるのか見てみましょう。

エコな雑貨を扱うお店は、ロコガールにも人気。おしゃれ雑貨も多数

関連ページ ➡P.48

アクション 4

文化からエコを学ぶ

フィッシュアイマリンパーク ➡P.21では、「捨てるところがない」といわれるココナッツの魅力や活用術を学べるツアーを開催。ココナッツミルクしぼりや果肉削りなどの体験を通じて、食材を無駄にしない知恵を学んでみましょう。

グアムならではのアイランドライフから、食材としてだけではないココナッツの魅力を知ることができる

ビーチクリーニングをしたり、自然アクティビティに参加したり、グアムの自然に触れる旅もおすすめですよ。グアムならではの地産地消グルメもぜひ味わってみてくださいね！

とっておきの
グアム時間

グアムといえば、やっぱりビーチには行きたいですよね。
コバルトブルーのプライベートビーチでのんびりしたり、
イルカやトロピカルな魚たちとふれあうのも素敵です。
美しく感動的なサンセットに癒されたあとは、
贅沢なスパの施術を受けて心身ともにリラックスしましょう。

カラフルな
お魚たちと
ふれあいます

無人島やパブリックビーチでリフレッシュしたり、スノーケリングもいいですね

グアムの海は想像以上に青くてキレイなことを知っていますか？
浅瀬のビーチでもサンゴやお魚が見られ、スノーケルにもぴったり。
カヤックで無人島を目指したり、パブリックビーチでのんびりもおすすめです。

イルカウォッチングとアクティビティがセットになったプランも

メリッソ村のココスラグーンにあり、潮の満ち引きで現れる神秘的な島

ビキニ・アイランド

Bikini Island

ココス島のすぐ近くに位置する島。いくつかのアクティビティがセットになったプランがあり、島一帯での海遊びを満喫できる。クラブハウスの真横にある専用ふ頭ですぐにアクティビティが始められるので、長時間の移動が不要。

MAP 付録P.4 A-6　メリッソ

所 448 Chalan Kanton Tasi, Merizo ☎ 671-828-8889（ビキニ・アイランド・クラブ） 営 10:00～17:00（ツアー時間） 休 無休 料 5時間ツアー $155、小人（7～13歳） $115、小人（3～6歳） $65 ※ 送迎、レンタル、各種アクティビティ込み

ゴーグルとフィンを装着。マリンシューズでもOK

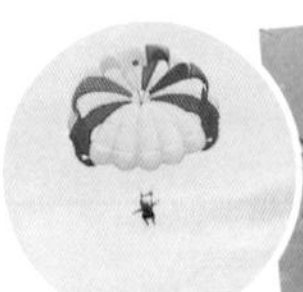

アクアウォーカーやパラセイリングなど、新しいアクティビティも登場

グアムのスノーケルスポット

イパオ・ビーチは浅瀬なので初心者にもおすすめなビーチです。タモン湾のなかで一番魚が多いスノーケリングスポットとして有名ですよ。

海の中をのぞいてみるとサンゴやお魚たちでいっぱい

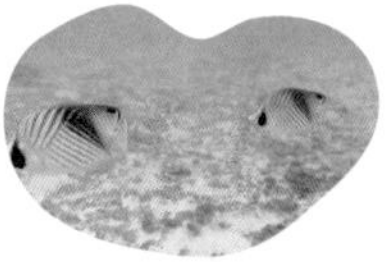

スノーケルアドバイスはこちら

★ロッカーなどはないため持ち物は最小限におさえましょう

★リーフの外に出ると水深が深くなる場所もあり危険です

★水着があれば他はレンタルが可能です

スノーケル体験ツアーもおすすめ!

フィッシュアイマリンパーク
Fish Eye Marine Park

用具を装着してレクチャーを受けよう

カラフルな熱帯魚と泳げる

沖合300m、水深10mの世界をぬれずに体験できる海中望遠塔。シュノーケリングツアーは、ボートには乗らずに海上橋からそのまま海へエントリーできる。美しいサンゴ礁と熱帯魚たちに癒されて。ほかにも、イルカウォッチング、ディナーショーなどのセットツアーがおすすめ。

➡P.21

➡エサを持っていると魚がたくさん集まってくる。幻想的な光景に感動

おすすめパブリックビーチはこちら

パブリックビーチは利用時間に制限がないのが魅力。いつでも気軽に、のんびりと楽しめます。

タモン湾一のスノーケルスポット

⬆➡公園でのんびりするローカルも多い

オサカナ看板あり!

イパオ・ビーチ
Ypao Beach

サンゴが広がる浅瀬のビーチ。公園にはロッカーも。

MAP 付録P.7 A-2　タモン

ACCESS ヒルトン・グアム・リゾート&スパそば

ビーチでのんびり派におすすめ

イパン・ビーチ
Ipan Beach

MAP 付録P.4 B-5タロフォフォ

ACCESS 4号線沿い、タモンから車で約35分

⬆静かで人も少ないので安全面には注意を払って

リティディアン・ビーチ
Ritidian Beach　➡P.58

MAP 付録P.5 C-1リティディアン

ACCESS 島の北端、タモンから車で約30分 開 水～日曜の7:30～16:00

⬆島の最北端に位置する白い砂浜の美しいビーチ

リティディアン・ビーチの沖合いは海流が早く危険なため遊泳は禁止です。砂浜や浅瀬でのんびりしましょう。

癒され度120%♪ イルカウォッチングでは歓声が上がります

**グアム周辺の海には野生のイルカが多く生息しており、
見学ツアーでクルクルと回るイルカに出会える確率は90%以上。
ジャンプしたり、船と並んで泳いだり、その愛らしい姿にココロも癒されます。**

憧れのイルカに会いに
コバルトブルーの海へ

グアムで見られるハシナガイルカは、体を回転させるジャンプが得意なため、**スピナードルフィン**とも呼ばれています

野生のイルカを間近で観察できます

グアムに来たらぜひ体験したいのがイルカウォッチング！　グアムはイルカとの遭遇率が非常に高いエリア。特に早朝は出現率が高いので狙い目です。船に併走したり、近づいてくる姿は愛らしいですよ。

これがあると便利です

帽子

日焼け止めクリーム

カメラ

酔い止め

参加前にココをCheck!

- ツアーにはスノーケリングが含まれることも多いので水着を着用しましょう
- セットになるマリンアクティビティは会社によって異なるので事前に確認をしましょう
- 送迎は宿泊ホテルによっては別のホテルでのピックアップとなる場合もあります

人生で一度は大空体験を

グアムではスカイダイビング、セスナ体験操縦など、空のアクティビティも気軽に体験できます。体験先は政府観光局HPの「アクティビティ」で探してみてください。URL www.visitguam.jp

ツアーの流れはこんな感じです

1 大型ボートで出発

グアム島中南部のアガット・マリーナからボートに乗り込んでアガット湾へ出航（ツアーにより発着地は異なる）。

ウミガメやマンタに出会えることも

2 水面をCheck！

出現エリアの海で、疾走する船の音に気付いて好奇心旺盛なイルカたちが現れるのを待ちます

こんな間近で見られるなんて！ステキ

3 イルカ発見！

イルカはジャンプをしたり、ボートと並んで泳いだり。どれくらいの時間見られるかはイルカのご機嫌次第

4 イルカを見たあとはスノーケリングも

マスクやスノーケルは無料でレンタル。トロピカルカラーの魚たちと一緒に泳げます

5 クルーズ船で帰港

アクティビティを楽しんだら港へ。万が一イルカに会えなかった場合は別の日に参加できるツアーも

イルカウォッチングを体験できるのは…

スキューバ・カンパニー・マリンスポーツ
Scuba Company Marine Sports ➡P.25

MAP 付録P.9 B-2　タムニング

所 238 Farenholt Ave., Tamuning（オフィス）
☎ 671-649-3369
営 8:45〜9:15ピックアップ、12:15〜13:00頃帰着（所要約3.5時間）
休 無休
料 イルカウォッチング＆オーシャンパーク$58

グアム・トロピカル・ダイブ・ステーション
Guam Tropical Dive Station

MAP 付録P.5 B-3　ハガニア

所 646 E Marine Corps Drive, Hagatna
☎ 671-648-4840
営 12:30〜13:15頃ピックアップ、18:00頃帰着（所要時間約4時間）
休 無休
料 イルカウォッチング$58

ジェントリー・ブルー
Gently Blue

MAP 付録P.9 A-3　タムニング

所 108B Serenu Ave., Tamuning
☎ 671-646-0838
営 7:30〜8:15頃ピックアップ、11:00〜11:30頃帰着（所要時間約3時間）
休 無休
料 イルカウォッチング＆ウミガメボートシュノーケリング$100

フィッシュアイ マリンパーク
Fish Eye Marine Park

MAP 付録P.5 B-3　ピティ

所 818 N. Marine Corps Dr., Piti
☎ 671-475-7777 営 8:00〜10:35ピックアップ、12:40〜14:40頃帰着、1日3便（所要約4〜5時間）休 無休
料 イルカウォッチング＆海中展望塔見学ツアー$52〜

ツアーに含まれるその他アクティビティも欲張りすぎると忙しくて大変。時間配分を考えて選びましょう。

長く続くタモン・ビーチでは、ビーチでのんびり？ それともマリンスポーツでリフレッシュ？

真っ白な浜が約2kmにわたって続くタモンのメインビーチ。ホテルロードからのアクセスもよく、アクティビティも充実しています。ビーチでのんびりしたり、海に入って遊んだり、過ごし方は自由です。

ことり的おすすめプラン1
ビーチでのんびり

ビーチへと続く道を示す看板

タモン・ビーチ
Tumon Beach

MAP 付録P.6 D-3　タモン

ACCESS サン・ヴィトレス・ロードから徒歩3～10分

➡P.26・36

イパオビーチ
公園も併設されており、トイレと簡易シャワーがある

ビーチを楽しむルール

注意事項を確認！
ビーチにある看板に気をつけたい事項が。また、浅瀬でも急に深くなるところがあるので注意。潮の流れが変わる場合もあるので沖合いには行かないように。

泳ぐときはライフガードがいるビーチで！
ライフガードはいるが人数も監視範囲も限られているので、近くにライフガードがいる場所を選ぶのが安全。

マストアイテムは？

★ウェア&日焼け対策グッズ

水着やビーチサンダルは必須。防水時計や着替えのTシャツも持っていると便利。

⬆帽子は大きめのツバがあるものがおすすめ

⬆足のケガを防ぐビーチサンダル

⬆意外と便利な防水腕時計

⬅日焼け止めクリームはこまめに塗って

ことり的おすすめプラン2

ビーチウォーキング

＼約2km続くビーチを歩くのはサンセットがおすすめです／

ビーチを歩くときはバスタオルとミネラルウォーター、小銭の用意を

ビーチバーでひと休み

↑ガン・ビーチ沿いには、お酒を楽しみながら海を望めるバーがある

デュシットプレイスの横の道

ホテルロードからビーチに抜けられる

フジタ・ロード

かつてあったホテルの名がついたビーチへ抜けられる道

ことり的おすすめプラン3

アクティビティ

タモンビーチで気軽に体験
マリンスポーツでストレス解消！

＼スカッとしたいなら／

バナナボート

バナナ型チューブで海上を疾走する。

＼船をこいで沖合いへ／

カヤック

波の静かな海をスイスイ。1～4人用あり。

＼海上をサイクリング／

ペダルボート

ペダルをこいでゆったりと進む。海の上で散策を楽しめる。

＼スピード感いっぱい／

マリンジェット

安定性が高く、免許ナシでOK。

タモン・スポーツクラブ

Tumon Sports Club

MAP 付録P.6 E-2　タモン

☎671-646-6640 営9:00～17:00
休 無休

ISAアクア・スポーツ

ISA Aqua Sports

MAP 付録P.6 E-2　タモン

☎671-647-9742 営9:00～16:00
休 無休

海だけじゃない

ウォーターパークもおすすめです

グアムのプールは、広さも種類も日本とはケタ違いのスケール。

グアム最大規模の水の楽園

パシフィック・アイランド・クラブ・グアム（PICグアム）

Pacific Islands Club Guam

MAP 付録P.7 B-3　タモン

所 パシフィック・アイランド・クラブ・グアム内 ☎671-646-9171 営9:00～20:00
休 無休 料 PIC1日会員$110

プールもビーチも両方満喫

星野リゾート　リゾナーレグアム ウォーターパーク

Hoshino Resorts RISONARE Guam Waterpark

MAP 付録P.9 A-2　タムニング

所 星野リゾート　リゾナーレグアム内
☎671-647-7777 営9:30～17:30 休 無休
料 リゾートパック$55（宿泊客は無料）

タモン・ビーチでもっとも混むのはデュシット ビーチリゾート前。イパオ・ビーチ側は人も少なくなるので静かですよ。

トロピカルなお魚に囲まれて海の中を探検してみませんか？

グアムはサンゴ礁が島を取り囲み、色とりどりのお魚やサンゴに出会えます。ダイビングだけでなく、顔を濡らさず海に入れるシーウォーカーや潜水艦でも海底さんぽが楽しめますよ。

ビギナー向けコースならライセンスなしでもOKです

スキューバダイビング
Scuba Diving

カラフルなお魚たちがお出迎えしてくれます

波が穏やかなグアム島の周りは、浅瀬から経験者向けの深いスポットまで、鮮やかな色彩の魚やサンゴがいっぱい。ビギナーでもカンタンに挑戦できるのでおすすめです。

グアムで会える魚たち

スダレチョウチョウウオ
スダレのような模様が目印

ツノダシ
小さな群れをなして泳ぐのが特徴

オレンジフィンアネモネフィッシュ
イソギンチャクに棲むクマノミの一種

ウメイロモドキ
ブルーとイエローのコントラストが美しい魚

体験ダイビングにチャレンジ！

ボンベやマスクを装着

耳抜きや呼吸法などのレクチャー

インストラクターと一緒に海へ

\\ 体験ダイビングができるのはこちらです //

パンパシフィック ダイバーズ
Pan Pacific Divers

MAP 付録P.5 A-3　ピティ

交 APRA Beach, Guam Ocean Park, Piti
☎ 671-888-8643
営 8:00～13:00頃ピックアップ、11:00～16:00頃帰着、1日3便（所要時間約3時間半）
休 無休
料 1ビーチ体験ダイビング$70

海中展望塔から海の中を見学

ピティにある海中展望塔のフィッシュアイマリンパーク➡ P.70では、展望室から海中を観賞でき、海底さんぽ気分を味わえます。

人気ダイビングスポットはこちらです

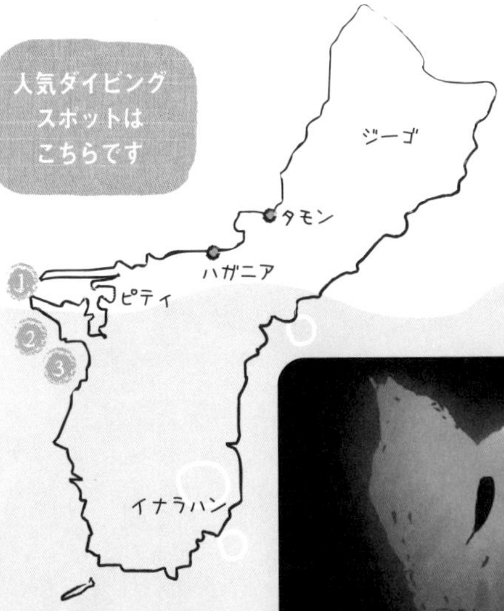

ブルー・ホール
水深18mのリーフの棚に開くハート型の縦穴で、中は幻想的

バラクーダ・ロック
大きな岩の間を縫うように泳げるスポット。ホワイトチップシャークが寝ていることも

アメリカン・タンカー
海底に沈んだ全長90mのタンカーに魚が群れる、初心者でも安心な沈没船スポット

気軽に海中さんぽできます

ヘルメットダイビング
Helmet Diving

ヘルメットをかぶるだけ

ヘルメットをかぶり海中を散歩。空気が送られているので普通に息ができて安心。顔が濡れないので化粧や眼鏡もそのままでOK。

スキューバ・カンパニー・マリンスポーツ
Scuba Company Marine Sports

➡ P.21

ダイビングは初めての場合、ビギナー向けのコースしか選べません。そのほかは、ライセンスが必要です。

グアムならではの美しいサンセットをロコおすすめの場所から眺めましょう

美しい夕日が見られることで有名なグアム。
空をオレンジ色に染めながら、ゆっくりと沈んでゆく太陽は
一日の終わり、そして明日の始まりを告げてくれます。

ロコの おすすめ サンセットポイントは こちら

大海原に吸い込まれていく幻想的な夕日

パセオ公園の自由の女神像前からの眺め B

打ち寄せる波の上へ落ちていくサンセット A

イパオ岬へ姿を隠す太陽は神々しい姿 C

サンセットタイムを確認しておきましょう

季節により夕日の見られる時間が変化するので要チェック!

1月…18:04	7月…18:52
2月…18:21	8月…18:48
1月…18:29	9月…18:32
2月…18:32	10月…18:11
1月…18:36	11月…17:53
2月…18:44	12月…17:51

A タモン・ビーチ Tumon Beach

ビーチ北寄りがベストスポット

タモン湾に沈むサンセットが気軽に楽しめるメジャーな観賞スポット。特に北側がおすすめ。➡P.22・36

MAP 付録P.6 D-3　タモン

ACCESS サン・ヴィトレス・ロードから徒歩3〜10分

B パセオ公園 Paseo de Susana Park

ビーチサイドにあるおすすめスポット

チャモロ・ビレッジの奥にあるパセオ公園は絶好のビューポイント。一番奥には小さなビーチも。

MAP 付録P.10 C-2　ハガニア

ACCESS タモンから車で約15分

C イパオ・ビーチ公園 Ypao Beach Park

タモン・ビーチの南寄りほかより早いサンセット

夕日が落ちる場所にイパオ岬が突き出しているため、太陽が岬へ沈む、ひと味違った景色が楽しめる。

MAP 付録P.7 A-2　タモン

ACCESS サン・ヴィトレス・ロードから徒歩10分

幸せになれるグリーンフラッシュって？

日没時に夕日が水平線から消えようとする瞬間、太陽が緑色に輝いて見える現象のこと。非常に稀にしか見られず、グアムでは見た人は幸せになれるという言い伝えがあります。

ヨットハーバーを染める柔らかな光

停泊中のクルーザーのシルエットが浮かぶ D

D アガット・マリーナ Agat Marina

コバルトブルーの海がオレンジに染められる

各種クルーズの発着地のマリーナ。船の間に沈んでいく夕日は感動的。➡P.59・61

MAP 付録P.4 A-4　アガット

ACCESS タモンから車で約40分

マリーナへ続く海辺の道の景色も美しい D

雲間から漏れたオレンジの光が水面を彩る E

E アサン・ビーチ Asan Beach

ドライブ途中に立ち寄りたい

ハガニアの西にあるビーチ公園。ヤシの木が美しく立ち並ぶ先に砂浜が広がる。

MAP 付録P.5 B-3　アサン

ACCESS タモンから車で約25分

バーからまったり見るサンセットも素敵です。

ザ・ポイント The Point

眺望がよく、沈む夕日を眺める絶好のポイント。ホテルのロビーラウンジ。夜は生演奏がある曜日も。

MAP 付録P.9 A-2　タムニング

所リーガロイヤル・ラグーナ・グアム・リゾート内 営6:30～21:00

窓辺が特等席。絶景とカクテルを楽しんで

トップ・オブ・ザ・リーフ Top of the Reef

タモン一の眺望を誇るホテルのバー。タモン湾を一望でき、夕日を眼下にゆっくりとくつろげる。

MAP 付録P.6 F-2　タモン

所グアムリーフホテル内 営18:00～23:45 休無休

夕日の時間帯が特におすすめ

グアムでサンセットを見るなら西海岸で。島の東側では内陸側に日が沈むため、サンセットが見えないこともあります。

グアムならではの
人気アクティビティを楽しみましょう

グアムには個性的なアクティビティが目白押し。
自然の中を駆け巡るバギーツアーや爽快な空中体験、
人気遊園地のアトラクションなど、楽しい体験が待っています。

グアム・アドベンチャーズ
Guam Adventures

MAP 付録P.5 D-3　ジーゴ

所 Guam International Raceway Route 15, Yigo
☎ 671-989-0900
営 ツアー開始時間 8:30/10:30/14:00/15:30
休 月・火曜

スケールの大きなグアムの自然を激走できる

道なき道を進むスリルと刺激がいっぱい。着替えやタオルがあると◎

思い出に残る写真を撮影！

グアムの絶景ポイントでの写真撮影など、休憩を挟めるので安心

ほかでは味わえないバギーの爽快感

未開の道をオフロード車（バギー）に乗って秘境を駆け抜けるアドベンチャー。アップダウンのあるコースやジャングルの道を疾走できる。

information

料金目安	$75～（※運転は18歳以上）
時間	約1時間
開催日	水～日曜
服装	汚れてもいい服装

オプショナルツアーを活用

自分で旅程を組み立てきれないときは、オプショナルツアーを利用すると便利です。グアムラボ、ホリデイツアーズといったツアー会社が旅の手助けをしてくれますよ。

操縦しながら絶景体験

セスナ体験操縦

Cessna pilot

トレンドベクター・エビエーション・インターナショナル

Trend Vector Aviation International

MAP 付録P.5 C-3　バリガダ

所 グアム国際空港AICパシフィック・ハンガー内 ☎671-473-4100（日本予約042-461-7880）
営 8:00〜20:00 休 無休

セスナで雄大な空を散歩

アメリカ連邦航空局後任のベテランパイロットがセスナ操縦を日本語で指導してくれる。キッズ用の操縦体験コース（＄240）もある。

information

料金目安 ＄250
時間 約2時間　開催日 毎日
服装 動きやすい服装

グアムではここだけ！

屋外遊園地

Amusement Park

大人も子どもも楽しめる遊園地

日本未上陸のアトラクション、タガダディスコのほか、子ども向け遊具も充実。1時間乗り放題チケットや、各1回ずつ乗れるパッケージがある。

タガダ・グアム Tagada Guam

MAP 付録P.6 F-2　タモン

所 1425 Pale San Vitores Rd.,Tumon ☎671-646-2444 営 17:00〜23:00（土・日曜は16:30〜）休 月曜

音楽を流しながらシートベルトなしでぐるぐる回る

入園料無料なのがうれしい

スリリングな浮遊感

スカイダイビング

Sky Diving

タンデム・スカイダイブ Tandem Sky Dive

MAP 付録P.5 C-3　バリガダ

所 グアム国際空港AICパシフィック・ハンガー内 ☎671-475-5555 営 6:00〜18:00 休 月・火曜

憧れのスカイダイブで空飛ぶ体験を

豪快に空へダイブする開放感が最高。時速約200㎞の落下するスリルを味わえる。インストラクターと一緒なので初心者も安心してチャレンジを。

information

料金目安 ＄299〜 ※参加資格要確認
時間 約3時間半　開催日 水〜日曜
服装 動きやすい服装とスニーカー

タンデム・スカイダイブは、運転免許証かパスポートなどの身分証を持参しましょう。

青く高い空の下
グアムの風を感じながらのゴルフは最高です

海と緑と青空が迎えてくれる南国ムードたっぷりのグアムでのゴルフは、
女子ゴルファー＆ビギナーも気軽に楽しめるのでおすすめです。
突き抜けるような晴天の空に向かってナイスショットを

グアムのゴルフは
18ホールスループレイです

真っ青な空と海、
ヤシの木にハイビスカス…

グアムでのゴルフは とっても開放的なんです

青空の下、海や緑に囲まれてのゴルフは爽快感でいっぱい。本格的なコースも多く、初心者から上級者まで楽しめます。大自然の中なので、オオトカゲ、鹿、野ブタが姿を現すことも…。リラックスムードの中、気兼ねなく楽しめるのでコースデビューする人も多いんです。

紫外線対策に
必須アイテムはこちら

- 首も忘れずにね
  日焼け止め
- これは必須!
  サンバイザー or 帽子
- クールドライで爽快～
  アームカバー
- 紫外線から眼を守ろう
  サングラス
- 意外に忘れがちな唇もケア
  リップクリーム

難易度	中～上級者
距離	(短め)・長め
レンタル	(あり)・なし
ツーサム	(OK)・NG

海越え名物ホールに挑戦！

マンギラオ・ゴルフ・クラブ

Mangilao Golf Club

世界ベスト100ゴルフコースにランクインした、上級者向けのコース。フラットなアウトコースと変化に富んだインコースの組み合わせが特徴。名物の12番海越えのショートホールは、ゴルファーなら一度はチャレンジを。

MAP 付録P.5 C-3 マンギラオ

所 1810 Route 15, Pagat, Mangilao
☎ 671-734-1111
営 6:00～18:00
休 無休 料 $180～

グアムでゴルフデビューしてみませんか？

1	予約は？	ウェブ、または日本での予約センターもある。人気があるので早めに予約をしておきたい
2	持ち物は？	現地でクラブやシューズはレンタルできる。ウエア類、グローブ、ティー、タオルなどは持参しよう。ボールは現地調達がおすすめ。虫よけもあったほうが良いかも……
3	オススメ時期は？	雨季（6～10月）でもスコール程度ですぐやむことが多い。ただしかなり蒸し暑いため、乾季（11～5月）がおすすめ

ローカルルールをしっかり把握し、最低限のマナーは守りましょう

ゴルフは4時間半もあれば終わるため、時間を有効に使えます。午前中はゴルフ、午後は海でのんびりしてショッピングも可能です。 休憩をとりたい場合はスタッフに相談を。途中、飲み物や軽食などを買えますが、飲み物はある程度持参して水分補給は充分にしましょう。

ラクチンプレイならこちら

グアム・インターナショナル・カントリー・クラブ MAP 付録P.5 C-3は、グアムでは珍しくフェアウェイへのカート乗り入れが可能です。
☎671-632-4422

初〜上級者まで楽しめて女子向きです

難易度 初〜上級者
距離 短め・長め
レンタル あり・なし
ツーサム OK・NG

女子ゴルファーにやさしいコース設計

タロフォフォ・ゴルフ・クラブ
Talofofo Golf Club

全米プロゴルフ協会(PGA)の伝説のプレイヤー 9名が監修した、美しい自然が生かされたドリームコース。

MAP 付録P.4 B-5　タロフォフォ
所 825 Route 4A, Talofofo
☎ 671-789-5555
営 6:00〜17:00
休 無休 料 $140〜

ホテル宿泊者への特別料金（$90〜）もあります

難易度 初〜上級者
距離 短め・長め
レンタル あり・なし
ツーサム OK・NG

ビギナー女子にもおすすめのコース

スターツ・グアム・ゴルフ・リゾート
Starts Guam Golf Resort

USGAトーナメントで使われる本格コースだがフェアウェイが幅広く、ビギナーにもプレイしやすい。

MAP 付録P.5 C-2　ジーゴ
所 2991 Route 3, Yigo
☎ 671-632-1111
営 6:00〜18:00
休 無休 料 $120〜

急にゴルフがしたくなったら…

手ぶらで9ホールプレイがおすすめ！

「手ブラ de ゴルフ」パックでは、レンタルクラブ・シューズ、練習ボール1カゴで$80〜。送迎付き

難易度 初〜上級者
距離 短め・長め
レンタル あり・なし
ツーサム OK・NG

景観とプレイが両方楽しめる贅沢なコース

レオパレス・リゾート・カントリー・クラブ
LeoPalace Resort Country Club

自然の地形を大胆に生かした、ゴルフ界の両雄、ジャック・ニクラウスとアーノルド・パーマーが設計したことで有名なコース。4つのコースはどれも絶景。

MAP 付録P.4 B-4　マネンガン・ヒルズ
所 221 Lake View Dr., Yona ☎ 671-471-0001
営 7:30〜17:00（土・日曜は7:00〜）
休 無休 料 $150〜

ゴルフグッズを現地調達するならこちらのお店をチェック

グッディーズ・スポーティング・グッズ
Goody's Sporting Goods

メンズはもちろん、レディースアイテムも豊富にそろっている。ゴルフ以外のスポーツ用品も充実している。

MAP 付録P.8 F-3　デデド
所 1340 N. Marine Corps Dr., Tamuning
☎ 671-646-4800 営 10:00〜19:00（日曜〜18:00）
休 無休

宿泊施設併設のゴルフ場は、宿泊者のための特別料金が設定されているのでお得です。

毎日がんばる私へのごほうび スパで極楽リラックスしましょう

南国リゾートのグアムには、疲れたココロとカラダをゆっくりと癒し、元気を与えてくれるスパがたくさんあります。極上のトリートメントに身をまかせ、夢のようなひとときを……

スパのHOW TO

スパは電話かHPでの予約が必須。ネット割引があることも。当日は遅刻すると施術時間が減ってしまうので、20分前には到着するように。チップは10〜15%が目安。

おすすめMenu

・デバラナ・スパ・シグネチャーマッサージ……$190/90分
・ボディバランス マッサージ…$140/60分

経験豊富なスタッフがそろう
至福のラグジュアリースパ

デバラナ・スパ
Devarana Spa

デバラナはサンスクリット語で「天国の庭園」を意味する言葉。名前の由来通り、最高級のサービスを提供してくれるスパ。「東洋と西洋の融合」をコンセプトに、タイ伝統の美容療法と最新技術を融合したスパメニューがそろう。

MAP 付録P.6 E-3 タモン

所 デュシタニ グアム リゾート内
☎ 671-648-8064
営 10:00〜22:00
休 無休

高級感あふれる空間に
うっとり……♡

1 世界トップレベルのトリートメントおよび受賞歴のあるサービスを提供
2 ラグジュアリーなエントランス 3 新鮮なタイのハーブとグアム原産の材料を組み合わせた独自のプロダクトを使用

トリートメントの流れ

フットバスで足先からコリをほぐしていき、ボディスクラブで肌の不純物を除去。全身マッサージの後、フェイシャルトリートメントで完了になります（全身コースの一例）。

1

1メニューはすべてセラピストによるハンドマッサージがベース。美容効果はもちろん、疲労やコリもほぐされる 2友達同士や夫婦・カップルで施術が受けられるバスタブ付きの個室 3グアムの花を浮かべたバスでリフレッシュ 4施術で使用されるハーブオイル

2

おすすめMenu

- シグニーチャー・リラクゼーションマッサージ……$135/60分、$180/90分
- プレミアカップルエスケープ（ペアルーム確約）……$340（2名）/90分

フラワーバスに癒される

3

4

日本の技術がリゾートと融合
独自の手技に癒やされる

スパ アユアラン

SPA ayualam

高度な施術で評判のラグジュアリー・ホテルスパ。女性はもちろん男性やカップル、友人同士の利用など幅広く支持されている。ヒルトングアム・リゾート＆スパやリーガロイヤル・ラグーナグアムリゾートにも店舗があるので利用しやすい。

MAP 付録P.6 F-1　タモン

所ホテル・ニッコー・グアム内
☎671-648-1007
営10:00～22:00
休 無休

チップはバスローブに入れておいて施術後に手渡すのがスマート。カード払いの場合はチップ分を上乗せした金額を書き込みます。

毎日がんばる私へのごほうび スパで極楽リラックスしましょう

多彩な施術メニューが魅力

アイランド・スキン・スパ
Island Skin Spa

フェイシャル、ボディトリートメントなどのリラクゼーションを提供。LA発のスキンケアブランド、ダーマロジカの商品を使用したメニューが自慢。

MAP 付録P.9 B-2　　タムニング

所 285 Farenholt Ave. #C301, Tamuning
☎ 671-989-7546
営 9:00〜19:00（土・日曜は10:00〜18:00）
休 無休

おすすめMenu

- リラックスマッサージ……$130/90分
- PCAピール……$110/45分
- オールアバウトフェイスマッサージ……$60/30分

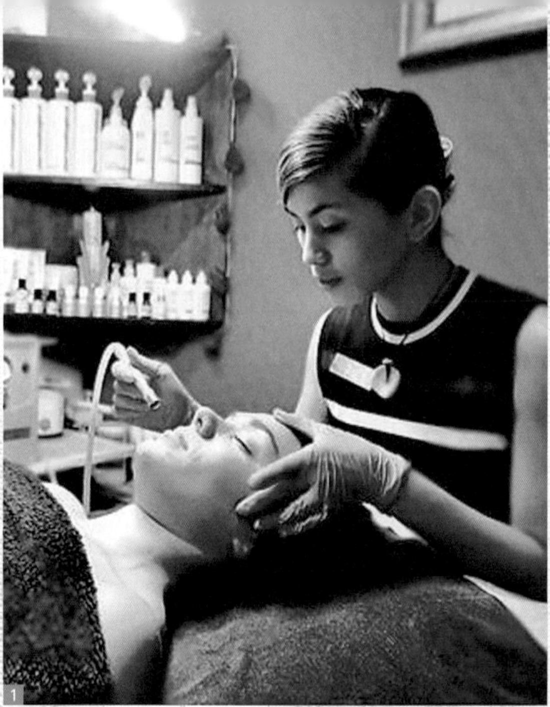

1技術の高さはグアムでもトップレベルを誇る　2ロビーは居心地のよい空間。リラックスして過ごせる。店頭でもスキンケア商品を販売

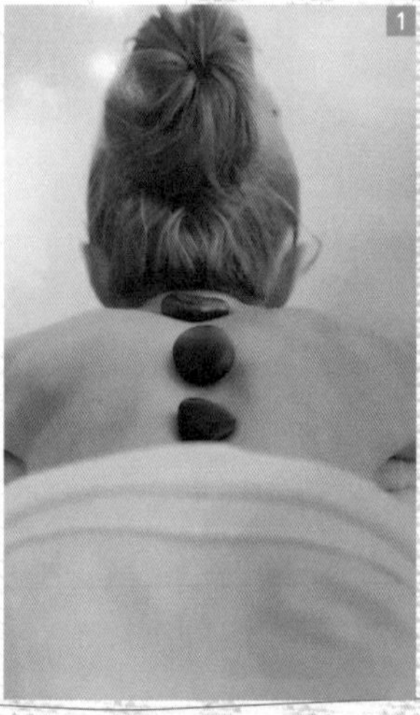

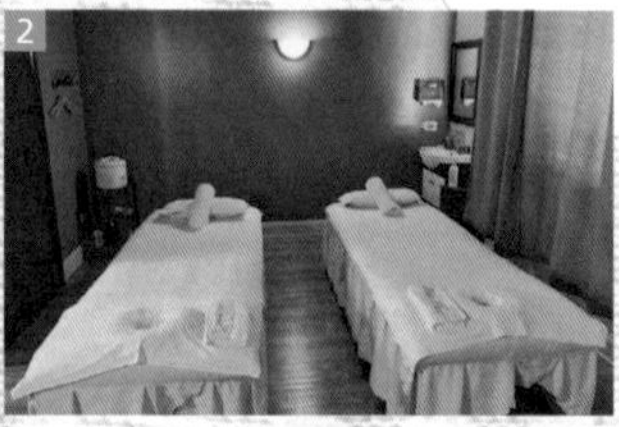

1血行とリンパの流れを改善するホットストーンの施術も好評。筋肉の深部の凝りもやわらげる　2プライベートな空間でくつろげる

おすすめMenu

- リリーフパッケージA……$100/120分
- 指圧マッサージ……$65/60分

落ち着いた空間でリラックス

H2Oスパ・グアム
H2O Spa Guam

リーズナブルな価格で上質な施術を提供しており、満足度が高いと評判のカジュアルなスパ。指圧、スウェディッシュマッサージ、リフレクソロジーなどが受けられる。ボディマッサージには、100%ピュアオーガニックエッセンシャルオイルを使用。

MAP 付録P.9 C-3　　タムニング

所 ウィンダムガーデングアム内
☎ 671-777-8616
営 10:00〜23:00
休 無休

予約時の注意点

日時とコース、料金のほか、キャンセル料の発生時期、サウナ・ジャクジー付きの場合に水着持参が必要かも確認します。アレルギーや持病、妊娠中の場合なども相談をしましょう。

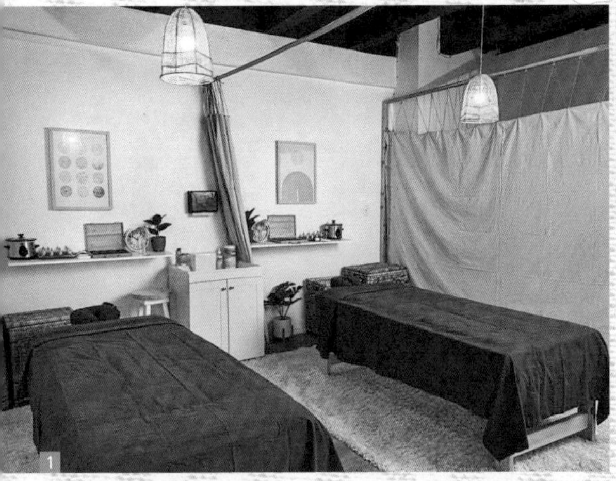

1

2

リーズナブルな施術が充実

グアム・セレニティ・マッサージ

Guam Serenity Massage

マッサージ、ホットストーンやカッピングなど、さまざまな施術を組み合わせ、それぞれの体の状態に応じたメニューを提案。カップルや友人同士でも施術を受けられる。

MAP 付録P.5 C-3　デデド

所 West Drive, 190 Marine Corps Dr Unit 1, Dededo
☎ 671-482-6855
営 10:00～22:00（日曜は～20:00）
休 無休

おすすめMenu

・リフレクサー・マッサージ
……$35/50分
・フルボディマッサージ
……$55/60分

3

1 3 施術室や待合室はカジュアルでおしゃれ　2 経験豊富なスタッフが多く在籍。フレンドリーなサービスに心もリラックスできる

ネイルサロンもcheck!

買い物帰りにお手軽ネイルを

ハリウッド・ネイル

Hollywood Nails

マイクロネシア・モール内にあるネイルサロン。マニキュアの基本コースは、甘皮取り、ハンドマッサージ、ヤスリ掛けやポリッシュも含めて$20と驚きの安さ。

MAP 付録P.8 F-3　デデド

所 マイクロネシア・モール内
☎ 671-637-4406
営 10:00～20:00（金・土曜は～21:00）
休 無休

↑リーズナブルで手軽に受けられる

カップルで利用したい場合は予約時に店に相談を。2名で1室、同時施術をしてもらえるところも多いですよ。

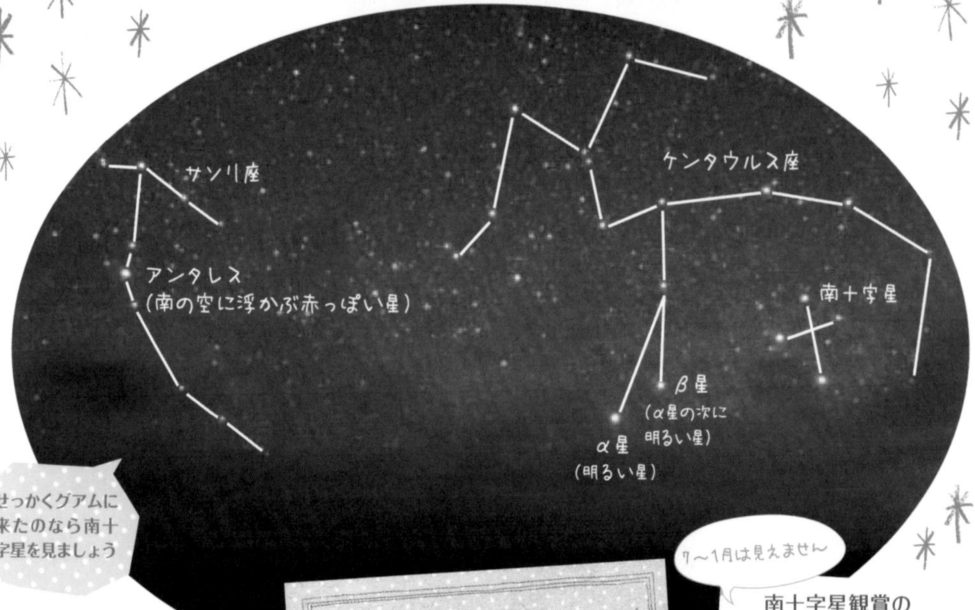

せっかくグアムに来たのなら南十字星を見ましょう

満天の星空へようこそ

星が無数に瞬く天然プラネタリウムの世界を楽しめるグアム。日本では見られない星座も見つけられます。

グアムで見られる南十字星とは?

南十字星

みなみじゅうじ座のこと。
英語名はサザンクロス。
全88星座の中でいちばん小さく、見つけにくい。日本では一部でしか見られないので、貴重な星として人気が高い。

7〜1月は見えません

南十字星観賞のポイント!

★よく見えるのは2〜6月

2月初旬	AM 4:00
3月初旬	AM 2:00
4月初旬	AM 0:00
5月初旬	PM10:00
6月初旬	PM10:00

南十字星が輝く夜空を眺めましょう

日本ではあまり見られない珍しい星座が浮かぶグアムの夜空。海辺で星の瞬きを眺めるか、高台からロマンティックな夜景とのコラボを楽しむか迷ってしまいそう。観賞の際は夜なので安全面には気をつけて。

「にせ十字」にご注意

近くにあって間違えやすいのが均等な明るさを持つ4つの星「にせ十字」。目印となるケンタウルス座のα星とβ星を見つけましょう。

★南十字星の見つけ方

①南の空にサソリ座の輝く星アンタレスを探す。

②ケンタウルス座のα星とβ星を見つける。

③α星からβ星の間隔を2倍した辺りの右に輝く4つの星が南十字星。

おすすめの観賞スポットはこちら

タモン・ビーチ

P.22・26

Tumon Beach

MAP 付録P.6 D-3　タモン

所 サン・ヴィトレス・ロードから徒歩3〜10分

グアム国際空港前

Airport Road

MAP 付録P.8 D-4　タムニング

所 タモンから車で約15分

バリガダ・ハイツ

Barrigada Heights

MAP 付録P.5 C-3　バリガダ

所 タモンから車で約20分

ショッピングで
しあわせ気分

南国ならではのカラフルなデザインのTシャツやサンダルは、
現地に着いたらすぐに買いましょう。
日本未発売のアメリカらしいコスメは、
コスメ好きな友達に喜ばれますよ。
ローカルなスーパーでグアム産のおみやげを
まとめ買いするのもいいですね。
タモンエリアなら夜遅くまでショッピングが楽しめます。

タモンエリアで
ぶらぶら
ショッピング

憧れアイテムからかわいい雑貨まで ショッピングするならタモンエリアです

グアムの中心地であり、ショッピングセンターや路面店が建ち並ぶタモンエリア。
ホテル・ロードと呼ばれるメインストリートには
ブランドショップから雑貨屋さんまで見逃せない店がいっぱいです。

タモンショッピングMAP

サン・ヴィトレス・ロード（ホテル・ロード）のパシフィック・プレイスからアカンタ・モールまでの間にショップが並ぶ。

アカンタ・モール

人気セレクトショップ、バンビーノ⇒P.46は要チェック

有名ブランドが集結したモール

A タモン・サンズ・プラザ
Tumon Sands Plaza

欧風の外観が印象的な建物の中にはグッチなど人気ブランドが並ぶ。アメリカで人気のレストランなど食も充実している。

主なブランド

カルティエ　グッチ
クロエ　ブルガリ
ボッテガ・ヴェネタ
ジバンシー　バレンシアガ

MAP 付録P.6 E-3　タモン

所 1082 Pale San Vitores Rd., Tumon
☎ 671-646-6802 営 11:00～20:00
休 無休

世界のハイブランドが勢揃い

B Tギャラリア グアム by DFS
T Galleria Guam by DFS

高級ブランドが並ぶブティックギャラリーのほかコスメ、ギフトが充実。ここでしか買えないお菓子もあり。

主なブランド

エルメス　サンローラン
フェンディ　カルティエ　ティファニー　ロエベ　コーチ
プラダ　セリーヌ

MAP 付録P.6 E-3　タモン

所 1296 Pale San Vitores Rd., Tumon ☎ 671-646-9640
営 12:00～19:00（土・日曜は～20:00）
休 無休

憧れブランドから人気レストランまで

C デュシットプレイス
Dusit Place

デュシタニ、デュシットビーチに直結。高級ブランド、人気レストラン、水族館を要した一大リゾートエリア。

トロピカルなアイテムも充実

主なブランド

グッチ　ボッテガ・ヴェネタ　コール・ハーン　ステューシー
ポール・スミス　マイケル コース　ヴィヴィアン・ウエストウッド

MAP 付録P.6 E-3　タモン

所 1225-1275 Pale San Vitores Rd., Tumon
☎ 671-649-1275 営 10:00～21:00
休 無休

プレジャー・アイランド

ホテルや大型SC、ショップ、レストランが集ったエリアの総称

(T ギャラリア、アクエリアム オブ グアム、サンドキャッスル、ハード・ロック・カフェ、デュシット ビーチリゾート グアムなど)

ひと休みするなら

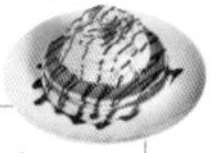

ホノルル・コーヒー・カンパニー

名物パンケーキを頬張って

ハワイ発の人気コーヒーショップ。コナ・コーヒー・クリームとバニラアイスがのったパンケーキが絶品。➡P.85

MAP 付録P.6 E-3

所 タモン・サンズ・プラザ内
☎ 671-647-7888 営 10:30〜17:00
休 無休

おみやげにぴったりなアイテムがいっぱい

カジュアルブランドが大集合

D JPスーパーストア
JP Superstore

日本でも人気のカジュアルブランドが豊富。雑貨やキッズ服などそろい、おみやげ探しにも最適。➡P.49・53

主なブランド

アクネストゥディオズ　アルマーニ　エクスチェンジ　ケイト・スペード　サイコバニー　ディーゼル　ノースフェイス　ハイドロゲン　ヘルノ

MAP 付録P.6 F-3　タモン

所 グアムプラザリゾート内 ☎ 671-646-7887
営 11:00〜20:00(金〜日曜は〜21:00) 休 無休

厳選ショップが集まる最新SC

E パシフィック・プレイス
Pacific Place

ホテルロード北にある小型ショッピングモール。ABCストアや人気セレクトショップほか、レストランやカフェも充実。

主なブランド

GNC　ロコ・ブティック　ハリウッドシルバー

MAP 付録P.6 F-2　タモン

所 1411 Pale San Vitores Rd., Tumon
☎ 671-969-3500 営 店舗により異なる
休 無休

T ギャラリア グアム by DFSからタモン・サンズ・プラザまでは約400m。ぶらぶらおさんぽしながらショッピングが楽しめます。

グアム唯一のアウトレット＆最大のモールでショッピングをとことん楽しみましょう

あらゆるアイテムが通常の20～70% OFFの免税ショッピングが楽しめるGPOと、ブランドから雑貨まで幅広いジャンルの店がそろうマイクロネシア・モール。リーズナブルにお買い物を楽しみたいなら、訪れたいスポットです。

アウトレット価格でお得に買える

グアム・プレミア・アウトレット

Guam Premier Outlets（GPO）

幅広いジャンルのショップが集まるアウトレット。さまざまなセールがあり、低価格で買い物を楽しめる。ベビーカーサービスなどもあり、ファミリーで訪れても快適。

MAP 付録P.9 B-3　タムニング

所 199 Chalan San Antonio Rd., Tamuning
☎ 671-647-4032
営 10:00～21:00
休 無休

フェイマス・フットウェア

FAMOUS footwear

お買い得なシューズが豊富にそろう

レディス、メンズ、キッズと様々なサイズを扱うシューズストア。日本未発売のシューズなどもある。

どんな服装にも合わせやすいニューバランスのシューズ $89.99

ナイキのコートボローリクラフト（キッズ）$54.99

デニムのショートパンツはどんなトップスとも合わせやすい。$89.99

ブルーのドットが爽やかなシャツ $89.99

リーバイス®

Levi's®

おなじみのアメカジブランド

メンズ、レディスともにジーンズの品ぞろえがとにかく豊富。日本にはないデザインもチェックしてみて。

アウトレット内デパートをチェック

胸元にチャームが付いたトミーヒルフィガーのトップス $14.99

キッズ用の水着。レモン柄がスポーティーな印象。$7.99

ビタミンAを配合したアンチリンクルオイル $5.99

ゲス・アウトレット

GUESS OUTLET

家族で買い物するならここ

ロゴアイテムを中心としたカジュアルファッションのブランド。崩し過ぎず、上品に着られる服が多く、着心地もいい。

グリーンのバックパック $169.99

アウトドアで活躍しそうな黄色のハット $49.99

ちょっとひと息

グアム・プレミア・アウトレット フードコート

→ P.77

ロス・ドレス・フォー・レス

Ross Dress for Less

ローカル御用達のお店

多彩なジャンル・ブランドの商品が、低価格で手に入ります。

祝祭日近くはアイテムが豊富!?
アメリカ本土からアイテムを仕入れるグアムでは、ローカルが買い物に出かけるアメリカの祝祭日近くに商品が到着しがちです。品数が多い時期を狙って足を運んでみては？

島内一の規模と充実の品ぞろえ

マイクロネシア・モール
Micronesia Mall

圧倒的な店舗数と売り場面積を誇る、グアム最大級のショッピングモール。大きなフードコートや屋内遊園地、映画館もそろっており、子ども連れでも一日中楽しく過ごせる。

MAP 付録P.8 F-3　デデド

所 1088 West Marine Corps Dr., Dededo
☎ 671-632-8881
営 10:00〜20:00（金・土曜は〜21:00）
休 無休

ロイヤル・ハイビスカス
Royal Hibiscus

トロピカルドレスとアロハの専門店

アロハシャツや花柄のワンピースが並ぶ華やかなショップ。小物やアクセサリーも充実。➡P.43

南国気分が盛り上がるアロハシャツが充実。キッズアイテムも扱う

ラニ・ビーチ・バイ・ミレイユ
Lani Beach by Mireille

南国雑貨とリゾートドレスの専門店

ビーチをテーマにしたセレクトショップ。ファッションアイテムだけでなく、家に飾りたくなる雑貨も豊富にそろう。

プルメリア柄がインパクト大なクラッチバッグ$38

シンプルなコーデに取り入れたいピンクのキャップ$30

シーズ・サイドウォーク
Seas + sidewalks

トレンド服もコスメもそろう

海をイメージした店内には、センスが光る爽やかな洋服が並ぶ。日常使いにも役立ち、カジュアルな南国スタイルがかなう。➡P.42

派手すぎない柄のワンピースは年代問わず使えそう。$86

ちょっとひと息
フィエスタ・フードコート ➡P.77

＊モール内デパートをチェック＊

メイシーズ
Macy's

品揃えに自信ありの大型百貨店

フロアが広がり、品揃えが豊富になったアメリカの高級デパート。幅広いジャンルのブランドが目白押しです。➡P.53

グアム唯一のデパート。広くて見どころがいっぱい

キュートな刺繍をあしらったベビー用ロンパース$16

ケイト・スペードのレモン柄オーブンミトン$15

アウトレット商品はサンプルなどの1点ものも多いので、合うものを見つけたらすぐに購入するか、スタッフに取り置きを頼みましょう。

トロピカルなムード漂う南国グアムで キュートなアイテムを現地調達しましょう

デザイン豊富なTシャツやキュートな柄の水着など、
グアムには南国ならではのカラフルなアイテムがいっぱいです。
現地に着いたら早速購入して、リゾートスタイルに変身しましょう。

A
情熱的な色使いの水着。リゾートシーンにマッチする

B
ハイウエストで体型カバーもばっちり／上$50、下$45

C
ブラは水玉、ボトムスはストライプと別の柄だが、おそろいのチャームで統一感がある

水着

日本にはないキッチュなデザインや柄が多い水着。ビーチで着れば気分はロコです。

B
フリルのかわいさと大人めカラーが◎。ワンピースなので体型カバー力も抜群。／$46

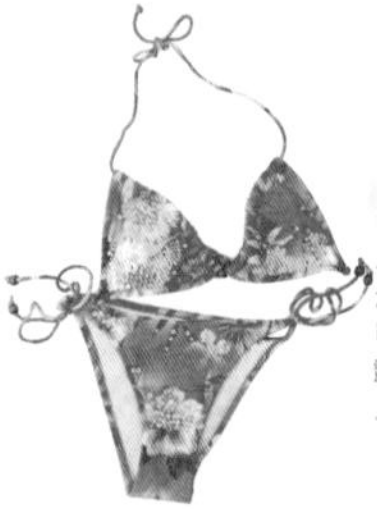

C
スパンコールが華やか。トロピカル気分満載のハイビスカス模様

C
ボーイッシュさとかわいらしさを兼ね備えたタンキニ水着／$45

A ロス・ドレス・フォー・レス
ROSS DRESS FOR LESS

→P.40

B シーズ・サイドウォーク
Seas + Sidewalks

海をイメージした店内に洋服や雑貨が並ぶ。アメリカ本土からセレクトしたアイテムは、リゾートだけでなく日常使いにも役立つ。

MAP 付録P.8 F-3　デデド

所 マイクロネシア・モール2階
☎ 671-969-7327
営 10:00～21:00
休 無休

C ラニ・ビーチ・バイ・ミレイユ
Lani Beach by Mireille

ビーチをテーマにしたセレクトショップ。かわいくて着心地抜群のワンピースや水着が充実。女性らしいシルエットのアイテムが見つかる。

MAP 付録P.8 F-3　デデド

所 マイクロネシア・モール1階
☎ 671-633-5264
営 10:00～21:00
休 無休

上下別に買えるグアムの水着

グアムでは、水着を上下別のサイズで買うことができます。また、上下違うデザインを選べる店もあります。オシャレの幅が広がりますね。

リゾートワンピ

南国で大活躍するのが、着やすくて見た目も◎なワンピ。グアムの定番アイテムです。

C
水着の上に重ねればビーチからそのまま街に出られる、ベアトップの膝丈ワンピ／$68

D
LA発のマキシドレス。オフショルダーにしても使える／$55

大胆なプリントがリゾートでは◎

E
ホルターネックが特徴のミニ・ワンピ／$77

E
南国柄のドレス。グアムで結婚式に参列する際のドレスとしても人気がある／$82

C
胸元の絞りでシルエットが美しく見えるマキシドレス／$68

F
貝殻の切り替え部分で涼しさとリゾート感をプラス／$90

E
トロピカルな柄で初心者にもトライしやすい膝丈ワンピ。アンダーバストに切り替えがある

D バンビーノ
Bambino

➡P.46

E ロイヤル・ハイビスカス
Royal Hibiscus

ハワイメイドのリゾートウエアを中心にラインナップするブティック。有名ブランドから格安商品まで多彩な品揃えが人気。➡P.41

MAP 付録P.8 F-3　デデド

所 マイクロネシア・モール2階
☎ 671-637-0356
営 10:00～21:00
休 無休

F マム・エ・モア
MAM et MOI

➡P.44・47

水着は現地調達できますが、胸に入れるパッドは売っていないことが多いので日本から持っていきましょう。

トロピカルなムード漂う南国グアムで キュートなアイテムを現地調達しましょう

A
派手なプリントが印象的なVネックTシャツ　$25

C
ビーチなどにおすすめのドライフィット素材／$32

C
各国のあいさつがプリントされた個性派タンクトップ　$30

Tシャツ

インパクトあるものから、
カワイイデザインまで多彩な
Tシャツがそろっています。

B
2色のパステルカラーで柔らかい印象に／$25

A
カラフルなロゴを配したキュートなキッズサイズのTシャツ

メンズも充実の品揃え

C
南国テイストのTシャツはおみやげにもぴったり／$28

A プリモ・サーフ
Primo Surf

クイックシルバー、ロキシーを中心に、ビーチ&カジュアルなファッションアイテムが充実。水着はもちろん、サーフ用品全般も取り扱う。

MAP 付録P.8 F-3　デデド

所 マイクロネシア・モール1階
☎ 671-472-8118
営 10:00〜21:00
休 無休

B マム・エ・モア
MAM et MOI

テレビドラマの衣装提供で知られるお受験専門店がオープンした、素敵な母と娘のバカンスを応援するセレクトショップ。➡P.43・47

MAP 付録P.6 E-3　タモン

所 デュシットプレイス2階
☎ 671-969-6665
営 10:00〜23:00
休 無休

C ハファロハ
Hafaloha

➡P.88

靴のサイズ表記に注意

アメリカは、靴のサイズ表記が5.5、6、6.5…と日本と異なります。メーカーによってバラつきがあるので必ず試し履きしましょう。➡P.103

サンダル

着こなしのアクセントになるサンダルは、南国ならではのデザインを選びましょう。

E
日本でも人気のハワイアナスのビーチサンダル。鼻緒のクリスタルがキュート

常夏の太陽に映えるマリンカラー

E
デザインやカラーが豊富なハワイアナスのミニオンズキャラ

F
鮮やかなネイティブ側が特徴のビラボンのサンダル

E
ハワイアナスの犬柄ラインのサンダル。鼻緒にワンポイントをあしらっている

D
履き心地が良いビルケンシュトックのサンダル

E
落ち着いたカラーだが、鼻緒のデザインが凝っている
$25

D ビルケンシュトック
BIRKENSTOCK

ドイツ発のシューズ&サンダルブランド。麻やコルクのフットベッドが足をサポートしてくれると人気。キュートで斬新なデザインが多い。

MAP 付録P.6 E-3　タモン

所 デュシットプレイス1階
☎ 671-646-2077
営 10:00～21:00
休 無休

E フリップ・フロップ・ショップス
Flip Flop Shops

ロキシーにクイックシルバー、オルカイ、ハワイアナスと人気のビーチサンダルがずらり。キッズ用からスニーカーもあり品ぞろえ豊富。➡P.47

MAP 付録P.8 F-3　デデド

所 マイクロネシア・モール1階
☎ 671-637-4337
営 11:00～20:00（金・土曜は～21:00）
休 無休

F プリモ・サーフ
Primo Surf

➡P.44

トロピカルなムード漂う南国グアムで
キュートなアイテムを現地調達しましょう

A
NY発のウォッチチュード／$33。キッズ用の防水時計

B
ディーゼルの時計。直径5.5cmの大きな文字盤が特徴的／$295

C
本物の貝殻がアクセントで南国感のある帽子／$36

おしゃれ小物

アクセサリーや帽子など小物を
変えれば、見た目や気分も
夏っぽくなります。

A
ビール・メーカーのロゴ・キャップ。ツバに栓抜きが付いている

B
フェイスつや消しドットとピンクの文字や針がキュート／$220

A
グッドワークスのチャリティブレスレット／$48

A
グアム発ブランド「ハガッニャ アイウェア」のサングラス。ラッテ・ストーンのロゴがかわいい／$25

A バンビーノ
Bambino

芸能人もお忍びで通う店。日本人オーナーがアメリカ西海岸で仕入れてくる洋服やアクセサリーは、日本では手に入らないものも多い。

MAP 付録P.6 D-4　タモン

所 アカンタ・モール内
☎ 671-646-1121
営 10:30〜20:00
休 無休

B タイム&スタイル
TIME&STYLE

Gショックやディーゼル、アルマーニ、レイバンなど人気ブランドの時計とサングラスを扱う。アウトレット価格も魅力。

MAP 付録P.9 B-3　タムニング

所 グアム・プレミア・アウトレット内
☎ 671-647-2616
営 10:00〜20:00
休 無休

C ラニ・ビーチ・バイ・ミレイユ
Lani Beach by Mireille

➡ P.41・42

サイズが合わなければ返品OK

グアムでは商品の返品や交換は珍しいことではなく、色が気に入らなかったなどの理由でも返品が可能です。返品の際はレシートが必要なので、捨てずにとっておきましょう。

キッズアイテム

子連れでも楽しめるグアムにはキッズ向けアイテムも充実。大人も一緒になって楽しめます。

G
爽やかな色使いのキッズ用ビーチサンダル。ディズニーのキャラクターものサンダルが充実

F
バレエモチーフのリュックサック。同じシリーズの小物類も充実の品ぞろえ

D
グアム伝統のメスティサをイメージしたドレス／$29.99

F
胸元の大きなリボンが大人っぽい、ブルーのキッズワンピ／$40

E
スパンコールが華やかなレースのリボン付きシューズ

E
創業当時からのアイコンである花柄のドレス／$300

D グアムベビー・バイ・キューティー・ペチュニアス
GUbaby by Cutie Petunias

女の子のママであるデザイナーが手がけており、オリジナリティあふれるおしゃれなアイテムを扱う。手作りのため一点物が多い。

MAP 付録P.10 C-2　ハガニア

所 チャモロ・ヴィレッジ内
☎ 671-477-4422
営 11:00〜15:00
休 日・月曜

E モナリサ
Monallisa

海外セレブも愛用のキッズブランド。イタリアでハンドメイドされた質のいいアイテムがそろう。グアム店ではシーズナルアイテムが充実。

MAP 付録P.6 E-3　タモン

所 デュシットプレイス内
☎ 671-646-1299
営 10:00〜21:00
休 無休

F マム・エ・モア
MAM et MOI

➡P.43・44

G フリップ・フロップ・ショップス
Flip Flop Shops

➡P.45

子ども服を探すのはマイクロネシア・モール➡P.41がおすすめです。遊園地や映画館などもあり一日中過ごせます。

グアムで買える雑貨やコスメをチェックしましょう

南国ムードたっぷりの雑貨やアクセサリーはもちろん、
近年ではサステナブルなアイテムも増えています。
紫外線の強いグアムならではのスキンケア用品にも注目です。

A ヌマロ・リフィレリー
NUMA'LO Refillery

商品も販売方法もサステナブル

自然環境を守りたいとの思いから始まった店。商品を量り売りで販売し、ゴミを出さないようにしている。

MAP 付録P.10 C-2 ハガニア

所 チャモロ・ヴィレッジ内
☎ 671-989-3444
営 11:00 ～ 19:00(水曜～ 20:00、土・日曜は～ 17:00) 休 月曜

B ココナッツ・ヴィラ・ギフトショップ
Coconut Villa Gift Shop

手作りアクセサリーが充実

日用雑貨や貝殻で作ったアクセサリーなど、グアムらしいアイテムを販売。伝統の腰みのなどが飾られている。

MAP 付録P.10 C-2 ハガニア

所 チャモロ・ヴィレッジ内
☎ 671-477-7467
営 10:00 ～ 14:00
休 日曜

C ラニカイ・バス&ボディ
Lanikai Bath and Body

ハワイ生まれの自然派コスメ

100%天然素材でできたボディケアアイテムを扱う、ハワイ発のショップ。ハワイ産の素材を使ったアイテムがそろう。

MAP 付録P.9 B-3 タムニング

所 グアム・プレミア・アウトレット内
☎ 671-989-9009
営 10:00～19:00

雑貨・アクセサリー

旅の思い出として持っておきたい
ハンドメイドのアクセサリーや、
環境にやさしい雑貨がたくさん。

B ネックレス
貝殻を花に見立てた南国感のあるハンドメイドのネックレス／$12

A ビーワックスフードラップ
蜜蝋で作られており、プラスチックのラップ代わりに食品の保存に使える／$25

D フォトスタンド
サーフボード型の南国らしいデザイン。砂や貝殻で飾られている／$14

D エコバッグ
ベルリン発のブランドloqi(ローキー)のエコバッグは種類も豊富／各$19

B ピアス
シンプルな雰囲気の中にリゾート感ただよう葉編みのピアス／$39

B ピアス
ピンクのフープが顔まわりを華やかにしてくれる手作りピアス／$24

プチプラコスメをまとめ買い

コスメショップ以外にもKマート➡P.53などのローカルスーパーでもプチプラなコスメがそろっています。おみやげにおすすめです。

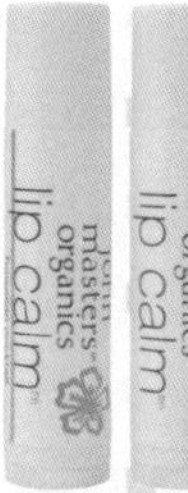

E リップカーム

保湿オイルたっぷり。ジョン・マスター・オーガニックのリップカーム／各$9.99

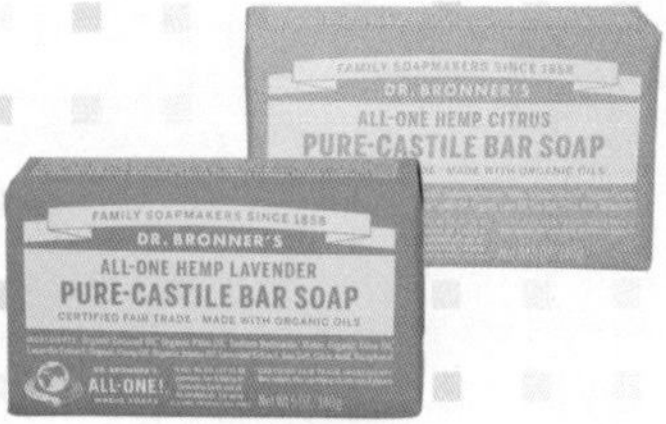

E 石けん&ボディソープ

全米売り上げNo.1のドクター・ブロナーのボディソープと石けん／$7.99(右)、17.49(左)

スキンケア

強い日差しのもとで遊んだあとは、お肌のケアも念入りに。さぁ、素肌美人になりましょう。

E リップバーム&カラーリップ

日本から撤退したバーツ・ビーズのリップバームとカラーリップ／$6.29(左)、$7.79(右)

A サンクリーム

パラオで作られるサンクリーム。珊瑚にやさしい成分で作られている／$20

C ボディローション

オーキッドバニラの香りのローション。南国の香りで肌をケアして／$7.50～

C 石けん

自然素材を使った、カラフルなオリジナルソープ。好きな香りを探そう／各$7.50

A 美容液

さまざまな植物性オイルが原料のフェイシャル美容液。手で温めて顔に塗ると◎／$32.50

D JPスーパーストア
JP SUPERSTORE

ブランドアイテムからお菓子まで、多彩なラインナップをそろえる。相手の好みに合った商品が見つかる。

➡P.39・53

E ABCストア
ABC Store

ここでしか買えないアイテムも多数。キャラクターグッズから日本未入荷コスメまで、充実の品ぞろえ。

➡P.53

充実のラインナップのスキンケアコスメは、日本未入荷のアイテムも数多くあり注目です。

みんなに配るおみやげもセンスよく まとめ買いにぴったりのアイテム大集合

滞在時間が短い旅行のときに頭を悩ませるのが、おみやげ選び。
そんなときに便利な、まとめ買いができるおすすめの商品を見つけました。
どんなタイプの人にも喜ばれるプチプラみやげをご紹介します。

グアムメイド

せっかくの旅行だからグアムで
作られたおみやげをチョイス。

チョコレート

グアムメイドのチョコ。大粒のマカデミアナッツをコーティング／$3.50
JPスーパーストア→ P.53

ストーン型クッキー

グアムのシンボル、ラッテ・ストーン型クッキー／$28
JPスーパーストア
→ P.53

ググリアの小箱

ココナツ・ミルクたっぷり、地元で焼いたググリアの小箱(85g)／$7.99
Kマート
→ P.53

クラフトジン

伝統的な8種類の原材料のほか、グアムのフルーツや花が使われたジン。ブルーマーメイドとレッドマーメイド／各$15.99
ABCストア→ P.53

チャモロ・クッキー

おみやげにぴったりの定番かつ人気商品。マカダミアナッツとチョコレートチップ入り／$6.99
ペイレス・スーパーマーケット→ P.53

ディナンシェ

家庭の味として長く伝わる辛味調味料。グアムの食卓には欠かせない味／$5.99
ペイレス・
スーパーマーケット→ P.53

ノニクッキー＆ノニティー

グアムのノニで作られたティーバッグとクッキーのセット。ABCストア限定商品／$24.99
ABCストア→ P.53

※商品の情報・値段は取材時のものです。

グアム・プロダクト・シールを目印に

グアムには、政府がグアム産と認定した商品にだけ付けることができる「グアム・プロダクト・シール」があります。おみやげ探しの際には、このシールを目印にするのもおすすめです。

コーヒー

ハイビスカスのパッケージがおしゃれで可愛い。浅煎りや中煎りなどがある／$10.49

Kマート P.53

クラフトビール

グアムのビールブランド『グアムブルワリー』のビール。IPAとグアムゴールド／各$2.49

ペイレス・スーパーマーケット P.53

マンゴージャム

甘さひかえめの無添加ジャム。ワンランク上のデザートが作れる／$5.89

ペイレス・スーパーマーケット P.53

グアム産の塩

南国の植物ベニノキの色素が含まれたアチョーテ・ソルト。肉とも魚とも相性抜群／$4.99

ABCストア P.53

『グアム限定アイテム』を手に入れましょう

グアム旅行の記念にもなる、ロゴ入りなどの限定アイテム。いちばん人気はアイ・ラブ・グアム・シリーズ

マグネット

グアムらしいデザインの大きめマグネット。まとめ買いをするとお得になる／各$5.99

ABCストア P.53

Tシャツ

シンプルなのでおみやげにもぴったり／$13.99

Kマート P.53

ぬいぐるみ

日焼けしたキティのぬいぐるみ。衣装は数種類あるので、お気に入りを見つけて／$17.99

ABCストア P.53

防水ポーチ

ビーチで大活躍しそうなウォータープルーフのポーチ。貴重品などを入れられる／$5.99

ABCストア P.53

ぬいぐるみ

南国らしいコスチュームが似合う、グアム限定ぐでたまのぬいぐるみ／$17.99～

ABCストア P.53

キャップ

グアムのロゴ入りデザインのキャップ。深めにかぶれるので、現地でも役立つ／$14.99

Kマート P.53

アイ・ラブ・グアム（ABCストア P.53）は、ベビー用のTシャツ・ロンパースなどの商品もあります。

みんなに配るおみやげ選びもセンスよく
まとめ買いにぴったりのアイテム大集合

フード＆ドリンク

見ているだけでも楽しい
南国テイストの商品がたくさん

サンフラワーバター

ヒマワリの種からとれるオーガニックのバター／$12.99

ペイレス・スーパーマーケット ➡ P.53

スパム

持ち帰りやすいサイズのスパムレギュラー。程よい塩分がくせになる／$5.49

Kマート ➡ P.53

ホノルル・クッキー

ハワイ発の人気クッキー。グアム限定パッケージ缶のクッキーはおみやげにぴったり／$14.95

ホノルル・クッキー・カンパニー ➡ P.53

ハイチュウ

パイナップル、バナナ、リリコイなどの南国らしい味は日本では未発売／各$1.99

ABCストア ➡ P.53

ビューティーグッズ

気軽に買える値段の安さと
香りのよさや実用性も魅力

NONIオイル＆石鹸セット

ノニの実を食べる鳥に由来するブランド『キングフィッシャー』の商品。石けんは洗い上がりの肌がすべすべに／$12

JPスーパーストア ➡ P.53

オーガニックオイル

グアム島の島花ブーゲンビリアが入ったオリジナルオイル。全身に使用できる／$14

バンビーノ ➡ P.46

ソープ

グアム近海の塩マリアナソルトを使った洗顔専用石けん。ハイビスカスの花びらがのっている／$11

バンビーノ ➡ P.46

MARVIS歯磨き粉

イタリア発の歯磨き粉。スタイリッシュなパッケージが人気。クールなミントの香りが持続／$10～

JPスーパーストア ➡ P.53

OGX

人気のシャンプーとコンディショナー。モロッコ産のアルガンオイル配合／各$8.99

ペイレス・スーパーマーケット ➡ P.53

バスソルト

海水とエッセンシャルオイルのみで作られている。カラフルなパッケージがキュート／各6.59

ABCストア ➡ P.53

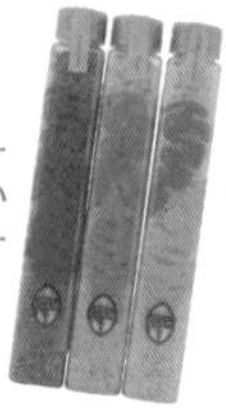

バスタイムが楽しくなる

オリジナル商品がねらい目

ABCストアではオリジナルアイテムや価格が安いものがたくさん。セット売りのコスメなどはまとめ買いにぴったりです。

おみやげ選びにおすすめのShop

ABCストア
ABC Store

グアム島内に店舗多数

ビーチアイテムやグアム限定品を扱っている、コンビニエンスストア。

MAP 付録P.8 F-3 デデド

所 マイクロネシア・モール1階など
☎ 671-637-2444 営 10:00～20:00
休 無休

ABCストアはココにもあります

パシフィック・プレイス店
MAP 付録P.6 F-2 タモン

イパオ店
MAP 付録P.7 B-3 タモン

デュシットプレイス店1
MAP 付録P.6 E-3 タモン

デュシットプレイス店3
MAP 付録P.6 E-3 タモン

グアム・プレミア・アウトレット店
MAP 付録P.9 B-3 タムニング

デュシットプレイス店2（ハード・ロック・カフェ下）
MAP 付録P.6 E-3 タモン

グランド・プラザ店
MAP 付録P.6 D-3 タモン

タモン・サンズ・プラザ店
MAP 付録P.6 E-3 タモン

ホノルル・クッキー・カンパニー
Honolulu Cookie Company

ハワイ発の大人気クッキー店

パイナップル形のショートブレッドクッキーが定番みやげとして愛されているクッキー専門店。

MAP 付録P.6 E-3 タモン

所 デュシットプレイス内
☎ 671-300-9228 営 10:00 ～ 21:00
休 無休

メイシーズ
Macy`s

ブランドがそろうモール内デパート

マイクロネシア・モールに併設されるアメリカのデパート。幅広いジャンルが集結。➡P.41

MAP 付録P.8 F-3 デデド

所 マイクロネシア・モール1・2階
☎ 671-637-9416 営 9:00～23:00（金曜は8:00～、土曜は7:00～、日曜は8:00～19:00） 休 無休

JPスーパーストア
JP SUPERSTORE

おみやげにぴったりの商品が充実

世界のトレンドがわかるグアム最大のセレクトショップ。ほしいおみやげが必ず見つかる。➡P.39・49

MAP 付録P.6 F-3 タモン

所 グアムプラザリゾート内
☎ 671-646-7887 営 11:00 ～ 20:00（金～日曜は～ 21:00）※店舗のSNSを要確認 休 無休

ペイレス・スーパーマーケット
Pay-Less Supermarket

店内も商品もビッグサイズ

グアムに数店舗あるスーパーマーケット・チェーン。サイズやラインナップもアメリカン。

MAP 付録P.8 F-3 デデド

所 マイクロネシア・モール1階
☎ 671-637-7233 営 24時間
休 無休 C V、M、A、J

Kマート
K-mart

定番みやげのまとめ買いに最適

幅広いラインナップを誇る大型スーパー。安価な商品が多く、おみやげ探しにも最適。

MAP 付録P.7 C-4 タモン

所 404 North Marine Corps Dr., Tamuning 交 マリン・コア・ドライブ沿い ☎ 671-649-9878 営 24時間
休 無休 C V、M、A、J

＊Kマート活用ポイント＊

1 価格はバーコードリーダーでチェック
値札のない商品は、店内に設置されているバーコードリーダーを使ってチェックできる。

2 疲れたらフードコートでひと休み
フードコートではピッツァやホットドッグなどの軽食が食べられる。ひと休みに最適。

デュシットプレイス➡P.38にはABCストアが南・北・中央と3つもあるので、混んでいるときは別の店に行ってみましょう。

STREET ARTS グアムで見かけたストリート・アートたち

グアムをドライブしていると、街のあちこちで色鮮やかな絵が描かれた壁やバス停を見かけます。

アイ・ラブ・グアム！

以前は落書きが多数ありましたが、多くの島民の願いに答えて、キレイにするプロジェクトが政府機関や企業などではじまりました。

タモン・ベイ・ロードで見られる「I♡GUAM」の巨大アート
MAP付録P.7 C-4

イパオ・ビーチ P.19前にあるGUAMのオブジェも写真撮影に人気

アカンタ・モール P.38の駐車場にある羽のアートも人気が高いスポット

プロア P.75隣のバス停。自分までアートの一部になった気分に

ウマタック村 P.61の入口にある、石灰石で作られたオブジェと看板

アート団体POW！WOW！グアムによるハガニアのウォールアート
MAP付録P.10 C-3

グアム・ミュージアム P.62前にあるGUAMのカラフルな文字

村の入口のアートな看板たち

それぞれの村の入口には、その村の看板のようなアートが見られます。どれも個性豊かでデザイン性に富んだ楽しいものです。

グアムならではの標識

グアムならではの標識も色々見かけます。珍しいものをいくつか紹介します。

「ビーチはこちら」という標識。足跡のイラストがかわいい

津波が起きた際、矢印の方向に避難せよ、という標識

津波の避難先にはこの「集合場所」の標識が

グアムでしか味わえないローカルを体感

グアムの魅力を存分に味わえるドライブに出かければ、
ヨーロッパ風の建物やのどかな民家の風景など、
街ごとに違った表情を見つけることができます。
朝市やナイトマーケットなどで
ローカルな雰囲気を味わうのもいいでしょう。
グアムの地で暮らす人々の生活がそこにはあります。

裏手に入れば大自然があふれています 緑の中でネイチャー体験

**グアムといえば海をイメージする人も多いでしょう。
でも、熱帯のグアムには、緑豊かな自然もいっぱい。
マイナスイオンをたっぷり浴びて、日頃の疲れを癒しましょう。**

グアムとは
思えない
熱帯の密林へ

大トカゲ発見　子ブタに遭遇　ランチも好評

ゆるやかに進むリバークルーズで チャモロの自然と文化を体感

緑が生い茂るジャングルを流れるタロフォフォ川を遊覧船でクルージング。川沿いにある約2000年前の古代チャモロ遺跡を訪れて、火おこしや葉編みなどの体験ができる。ミニ動物園や植物園もあり、小さい子どもから大人まで楽しめると好評。先住民のカルチャーを体感できる。

アドベンチャー・リバー・ボートクルーズ
Adventure River Boat Cruise

MAP 付録P.4 B-5　　タロフォフォ

所 バレー・オブ・ザ・ラッテ（ホテル送迎あり） ☎671-789-3342 営9:00～16:00
料 $125（約5時間） 休 月曜

コース：ホテル→タロフォフォ川のリバークルーズ→
古代チャモロ村遺跡の見学や火おこし体験など→ホテル

水牛乗りに
トライ！

バレーオブザラッテア
ドベンチャーパークと
呼ばれる施設内では
水牛乗りも体験できる

先住民の歴史に
触れてみましょう

古代チャモロ人の村集落
では先住民の暮らしを体
験。希望者は火おこしも

チャモロ文化の象徴

古代チャモロ文化の
遺跡、ラッテストーン
の見学もできる

赤土の秘境と滝を目指すアドベンチャー

島の南部を流れるラオラオ川に沿って歩き、フィンタサ滝を目指すトレッキングも人気。異世界のようなグアムを楽しめます。

U.S.エクスプロアー＆スタディ
☎671-647-0280

ラムラム山に到着

いよいよラムラム山に到着！ 開放的な山頂からグアムの自然とフィリピン海の見事な紺碧が望める

ジャングルを歩く

次はラムラム山を目指す。ガイドがグアムに関するいろいろな話もしてくれる

トレッキングを通じて 緑豊かなグアムの一面をのぞく

市街地を少し離れれば、グアムは山やジャングルなどの自然にあふれている。トレッキングにぴったりな山も多く、グアム最高峰のラムラム山と2番目に高いフムジョンマングロー山に登れるツアーが人気。ガイドの解説でグアムの歴史や南国植物についても学べる。

フムジョンマングロー山に到着

山頂には木でできた十字架が並ぶ不思議な光景が！ 心地よい風が吹き抜ける

道中に生える南国の植物について教えてもらえる

丘陵を歩く

まずは草原の広がるなだらかな赤土の斜面を登っていく

ラムラム山＆フムジョンマングロー山
Mt. LamLam & Mt. Jumullong Manglo

MAP 付録P.4 A-5　アガット

所 ホテル送迎あり
☎671-687-7730（フロンティア・ツアーズ） 営8:00〜18:00
料 $85（6〜7時間）
休 無休

コース：ホテル→セッティ展望台→草原をトレッキング→フムジョンマングロー山→ラムラム山→ホテル

洞窟内の天然の泉に感動!!

神秘的な風景に出会える ジャングルのなかの洞窟へ

古代チャモロ人の生活跡が残るジャングルと、神秘的なパガット・ケーブをめぐる。洞窟内には真水のプールがあり、泳ぐことも。

パガット・ケーブ
Pagat Cave

MAP 付録P.5 D-3　ジーゴ

交 ホテル送迎あり ☎671-777-3927（アイランド・ジャーニー・グアム）
営7:30 〜 21:00 料 $85 〜（約6時間）
休 無休

絶壁から青い海が！

洞窟の中は涼しくて気持ちがいい。石灰岩で濾過された美しい真水のプールが疲れた体を癒してくれる

タロフォフォ川をカヤックで探検するツアーもあります。詳しくはバレー・オブ・ザ・ラッテ➡P.56へ。

島の風を感じながら グアムらしさを発見するドライブへ

タモンやタムニングの中心部以外にも見どころたくさんのグアム。
自然いっぱいの道を走れば、様々なグアムの顔に出会えます。
この島の魅力をドライブでもっと満喫してみませんか？

バス停でスクールバスを待つローカルの子ども

Start

9:00 タモン出発

9:15 悲恋伝説の舞台に立ってみる

広場にある恋人たちの鐘。カップルで鳴らす人が多い

A 恋人岬
Two Lovers Point

グアムのシンボルといえる岬。引き裂かれそうになった恋人たちが身を投げたという悲恋伝説が名前の由来。

MAP 付録P.8 F-1　デデド

所 1375 W. Marine Corps Dr., Harmon
☎ 671-647-4107 開 10:00 ～ 19:00
休 無休 料 $3(6歳以下無料)

展望台に付けられた無数のハートロック・キー

10:20 青い海に白い砂の絶景ビーチへ

B リティディアン・ビーチ
Ritidian Beach

➡ P.19

海を見ながらのんびりするのも、エコウォークに参加するのもおすすめです

バリガダ村
Barrigada

国際空港の裏手に並ぶ高級住宅街。

C

11:30 バリガダ村を抜け一路南へ

ぐるっと回って 8時間30分

島を一周すると丸一日

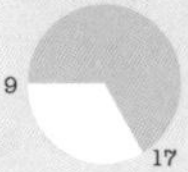

小さい島とはいえ、じっくり一周するとなると一日かかります。途中で食事や休憩時間を挟むなら朝は早めに出るのがおすすめです。

ゴツゴツした道に注意

恋人岬の悲恋ストーリー

スペイン統治時代、総督に結婚を迫られたチャモロ人女性が、チャモロ人の恋人と永遠の愛を誓い、ここから身を投げたという伝説があります。

11:45 のどかな住宅街 マンギラオを通過

ローカルっぽ〜い

静かで緑豊かな環境が魅力

12:00 必見の絶景スポットへ

1 パゴ湾展望台 Pago Bay Overlook

ダイナミックな景観に感動!

12:30 ランチは絶対ココがおすすめ

D ジェフズ・パイレーツ・コーヴ Jeff's Pirates Cove

MAP 付録P.4 B-5　タロフォフォ

所 111 Route 4 Ipan, Talofofo
☎ 671-789-8646 営 10:00 〜 18:00(金〜日曜は9:00 〜 19:00)
休 無休

ボリュームたっぷりのバーガー

ハンバーガーが人気だよ!

クネクネ道を進みます

13:40 見どころいっぱいのタロフォフォへ

マイナスイオンがいっぱい!

横井ケイブも近くにある

14:00 ジャングルの奥へ ケーブルカーで

E タロフォフォの滝 Talofofo Falls

グアム島南部のタロフォフォ川の支流にある、グアム最大規模の滝。

MAP 付録P.4 B-5　タロフォフォ

所 Lot B-1 Dandan Malojolo
☎ 671-828-1150 開 9:00 〜 17:00
休 月〜木曜(荒天時は閉鎖する場合あり) 料 $15、小人(4 〜 11歳) $8

イナラハン村へ ⇒P.60

必見です

おすすめ絶景展望スポットを押さえておきましょう

眼下に雄大なパゴ湾と街並みの景観が広がる

1 パゴ湾展望台 Pago Bay Overlook

MAP 付録P.4 B-4 ジョーニャ

静かなウマタック湾は夕刻になると美しさが増す

2 ソレダッド砦 Fort Soledad ⇒P.61

MAP 付録P.4 A-5 メリッソ

船の間に沈む夕日は絵画のような雰囲気

3 アガット・マリーナ Agat Marina

⇒P.27・61

リティディアン・ビーチは、潮の流れが早く遊泳禁止。また、夜間は進入禁止なので注意しましょう (開7:30 〜 16:00)。

島の風を感じながら
グアムらしさを発見するドライブへ

天然プールは
僕たちの
遊び場だよ!

14:40 車を降りておさんぽしたい
イナラハンの必見スポットに寄りましょう

イナラハン村
Inarajan

海沿いに広がる村で、自然の美を堪能できる。

どこか懐かしい
街並です

水牛が飼われている、
のどかな雰囲気の街

青空と白い
家のコントラ
ストが◎

週末はローカルたちで賑わっています

F イナラハン天然プール
Inarajan Natural Pool

MAP 付録P.4 B-6

溶岩でせきと
められてでき
た天然プール

足だけ
浸かってみても
楽しい♪

海を見つめるクマさん!?

G 熊岩
Bear Rock

MAP 付録P.4 B-6

立ち上がった熊
のように見える
面白い奇岩

カラフルな
スクールバス

16:00 グアム最南端の岬に到着

H アガ岬
Aga Point

MAP 付録P.4 B-6

ココから先は
西岸です

太平洋が見渡せる
絶景を独り占め

ゆる～い雰囲
気の売店も

16:20 ココス島への入口

I メリッソ村
Merizo

スペイン建築の僧院や
石造りの鐘楼がある。

かわいい
ピンクの家

キレイな
並木道

ココス島への船の
乗場です（2024年
1月現在閉鎖中）

かわいらしい村の教会

ドライブアドバイス

北を通ってから南に行くと時間がかかるので、アガットで夕日を見るなら、タモンからすぐ南下するルートにしても◎。

グアムを一望できる最高峰の山

ウマタックにあるラムラム山は、標高406mのグアム最高峰の山です。その頂上からは、グアムを一望できます。ただし、雨が降ると滑りやすくなるので注意が必要です。ツアーを利用して行くのもおすすめです。➡ P.57

スピードの出し過ぎに注意！

16:45 必見絶景ポイントのその2

2 ソレダッド砦 ➡ P.59
Fort Soledad

当時のままの大砲は迫力満点です

17:00

J ウマタック村
Umatac

スペイン統治時代が色濃く残る。

絵本に出てきそうなかわいい家

探検家マゼランの上陸記念碑も

どんどん北に戻ってきます

スペイン風のおしゃれな橋

K ウマタック橋
Umatac Bridge

MAP 付録P.4 A-5

スペイン風の造りが美しい、レンガの橋

17:20 ひっそりと佇む重要史跡を見逃さずに！

L スペイン橋
Spanish Bridge

MAP 付録P.4 A-5

小さな橋なので見逃さないように

17:30 美しい海沿いの村

M アガット村
Agat

ダイビングに最適なスポットが点在する街。

アガット村入口のポップな看板

のどかな雰囲気の小売店やレストラン

アガット湾を望む

マリーナに沈む夕日は雰囲気満点

マリーナを染める美しい夕日を眺める

タモンまであと40分。お疲れさまでした

3 アガット・マリーナ
Agat Marina

MAP 付録P.4 A-4　　アガット

➡ P.27・59

Goal！

アガ岬の近くにはキレイなビーチが広がりますが、プライベート・ビーチなので立ち入りは禁止されています。

スペインの面影たっぷりのハガニアは午後のおさんぽにぴったりです

グアムの主都であるハガニアは、グアム行政の中心エリア。
スペイン統治時代の旧跡も点在し、見どころがたくさんです。
のんびりハガニアの街を散策しましょう。

ハガニアってどんな街？

議事堂や行政府などの公的機関が密集するエリア。スペイン統治時代の史跡も多い。パセオ公園にあるチャモロ・ビレッジも必見。

1 ラッテ・ストーン公園
Latte Stone Park

エリンギに似た形の石柱がユニーク

ラッテストーンって？

宗教的な意味を持つという説や、高床式建築物の土台だったという説などがあります。

古代ロマンに想いを馳せる

スペイン広場裏手にある公園。ラッテ・ストーンと呼ばれる約2mほどの石柱は何の意味を持つのか謎。

MAP 付録P.10 B-3

所 スペイン広場南側 開 見学自由
休 無休 料 無料

2 スペイン広場
Plaza de España

スペイン風の建物が並び、グアムの歴史を感じられる

スペイン総督夫人が利用したチョコレートハウス

名所多きハガニアの中心

ハガニアの中心にある広場で、スペイン総督の住居があった場所。現在は緑あふれる憩いの場に。

MAP 付録P.10 B-3

所 聖母マリア大聖堂隣
開 見学自由 休 無休
料 無料

3 聖母マリア大聖堂
Dulce Nombre de Maria Cathedral-Basilica

堂内の美しいステンドグラスは必見

大聖堂前のマリア像

ステンドグラスが輝く教会

1669年に建築されたグアム初のカトリック教会で、ハガニア大聖堂とも呼ばれる。入館は無料だが、献金箱があるのでぜひ心付け（寄付）を。

MAP 付録P.10 C-3

所 207 Archbishop Felixberto Chamacho Flores St, Hagatna
☎ 671-472-6201 開 8:00 ~ 12:00、13:30 ~ 16:30
休 月・水・土・日曜 料 ＄1（寄付として）

4 グアム・ミュージアム
Guam Museum

グアムの歴史と文化を紹介

数千年にわたるグアムの歴史や文化をわかりやすく紹介。古代チャモロ人の暮らしがわかる生活道具なども展示している。

MAP 付録P.10 B-2

所 193 Chalan Santo Papa Juan Pablo Ⅱ., Hagatna
☎ 671-989-4455
開 9:00〜16:00 休 土〜月曜 料 無料

ローマ法王の像も！

ぐるっと回って——120分

散歩にはぴったりの街です

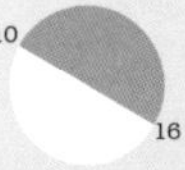

おすすめの時間帯

ハガニアは小さな街なので、徒歩で回っても2時間程度。ただ暑いので、途中カフェやモールで休憩は必須です。

昼のチャモロ・ヴィレッジもおすすめ

水曜のナイトマーケットで人気のチャモロ・ヴィレッジですが、昼間も開いています。グアム産のおみやげやアートショップを見て回るのも楽しいですよ。➡P.65

サンゴ岩で作られた美しいアーチ

人魚のシレナ像

5 サン・アントニオ橋
San Antonio Bridge

主要道路を結んだ重要な古橋

1800年に建造された古橋。ハガニアとウマタックを結ぶ重要な役割を果たしていた。

MAP 付録P.10 B-2

所 FQG2+J3F, Hagatna
開 見学自由 休 無休 料 無料

6 グアムベビー・バイ・キューティー・ペチュニアス
GUbaby by Cutie Petunias

手作りの温もりを感じるアイテム

女の子のママであるデザイナーが手がけており、オリジナリティとおしゃれさが際立つ。商品は1点物が多い。

MAP 付録P.10 C-2

所 チャモロ・ヴィレッジ内
☎ 671-477-4422 営 11:00〜16:00（水曜は〜20:00、土曜は12:00〜15:00）休 日・月曜

グアムの花、ブーゲンビリアのヘッドセット

7 ジャマイカン・グリル
Jamaican Grill

世代を問わず愛される常に賑わうビストロ

地元客が絶えない人気ジャマイカ料理店。油をひかえたヘルシーなバーベキュー料理がメイン。

スパイスが効いて食が進む

MAP 付録P.10 C-2

所 チャモロ・ヴィレッジ内 ☎ 671-472-2000
営 11:00 〜 19:00（日曜は〜 18:00）休 無休

8 アガニア・ショッピング・センター
Agana Shopping Center

ハガニア唯一のショッピングスポット

ファッションや雑貨などの店が約40入っている。ローカルショップやユニークな店が多く、見ごたえたっぷり。

MAP 付録P.10 C-3

所 302 South Route 4, Hagatna
☎ 671-472-5027 営 10:00〜21:00
休 無休

アガニア・ショッピング・センターには、人気カフェのフィズ＆コー ➡P.86もあります。

朝と夜開催の地元マーケットで ローカルの生活をのぞいてみましょう

チャモロの人々の生活が垣間見られる、地元のマーケット。
グアム産の食材や洋服、工芸品などが所狭しと並びます。
マーケットならではのおみやげを手に入れましょう。

やってるのは
土・日曜の早朝だよ

週末の朝はローカルで賑わう
デデドの朝市へ

チャモロ料理の
朝ごはんは
おいしいよ

チキンのうまみがぎゅっと凝縮されたおかゆ$4.50

トロピカルなフルーツを使ったスムージーも

デデドの朝市
Dededo Flea Market

食料品や衣類、雑貨などバラエティに富んだ商品が並び、地元の人で賑わう週末限定の朝市。朝6時には店がほぼ出揃い、8時過ぎには片付け始めるので早めに訪れて。

MAP 付録P.5 C-3　　デデド

所 Marine Corps Drive, Dededo 開 土・日曜の6:00頃〜9:00頃
料 無料
※ベンダーや商品は変更の場合があります

ローカルな
生活を体感
できます

リゾートワンピースも格安でずらりと並ぶ

珍しい南国フルーツにもトライ!

朝市で楽しめるとっておきご当地メニュー

バナナ入り春巻き

ローカルが大好きなチャモロバーベキュー串

フィリピン発の豆腐スイーツタホ

便利なシャトルバスで楽々アクセス

朝市シャトル

土曜朝限定で運行。行きは5時10分、帰りは7時20分に出発する。往復$20。⇒P.106

チャモロヴィレッジ・ナイト・シャトル

タモンから約30分。水曜の夜のマーケットに合わせて限定で運行。往復$15。⇒P.106

ローカルに人気のデザート

朝市で見かける温かい豆腐の上にタピオカと黒砂糖の蜜をかけた甘いデザート「タホ(⇒P.64)」はローカルが大好きなデザートです。

水曜の夜は チャモロ・ヴィレッジ でローカル色豊かな屋台巡り

サステナブルな雑貨ショップ ⇒P.48
手作りアクセサリーのお店⇒P.48
…も要チェック！

おみやげ探しにもぴったりです

衣料品も格安で売られている

掘り出し物を手に入れて

グアムメイドを探してみて

ライブ演奏に合わせて踊り出す地元の人たち

バリエーション豊かな屋台で食べ歩き

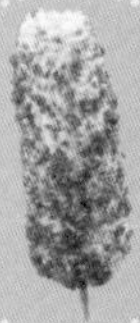

ベーコン&チーズなどの味付きとうもろこしが楽しめる

バーベキュー料理はグアムで大人気

ケラグエンなどのチャモロ料理も

チャモロ・ヴィレッジ・ナイトマーケット
Chamorro Village Night Market

水曜の18時頃からチャモロ料理や衣服などの屋台が並び賑わう。ライブ演奏やダンスイベントなどが行われることも。衣料品やアクセサリーなどの安くてかわいい小物もそろっている。

MAP 付録P.10 C-2　ハガニア

所 153 W Marine Corps Dr, Hagåtña
営 水曜18:00 ～ 21:00
料 無料

人混みの中ではスリや置き引き、ひったくりに遭ってしまう場合も。荷物は最小限にして、貴重品の管理に注意しましょう。

魅惑のディナーショーでは南国ムードを満喫できますよ

グアムの夜は、チャモロの民族衣装を身に纏った女性がムード満点に踊ったり、男性ダンサーが迫力満点のファイヤーダンスを披露したりするディナーショーがおすすめ。チャモロの文化を今に伝える、華やかなショーはきっと想い出に残るはず。

↑パフォーマンスも食事もクオリティが高く、特別な夜を過ごせる
←ディナーは新鮮なシーフードやグアムの名物を組み合わせたアイランドビュッフェ

多彩な踊りが見られる

華やかなダンスが見もの！

フィッシュアイ アイランド カルチャーディナーショー

Fish Eye Island Culture Dinner Show

タヒチの大統領も絶賛した超実力派チームによる大迫力のダンスを目の前で楽しめる。日本人シェフ監修の本格ビュッフェはリピーターからも好評。

MAP 付録P.5 B-3　ピティ

所 818 N Marine Corps Drive, Piti
☎ 671-475-7777 営 18:00～21:30（だいたいの目安。季節によって変動あり）
料 $92～、小人（4～11）$51～ ※3歳以下無料
休 日・月・水曜

砂浜で披露されるショーは幻想的

ファイヤーダンスも！

ニッコー・サンセット・ビーチBBQ

Nikko Sunset Beach BBQ

目の前に広がる海を眺めながら、厳選された食材をお好みの焼き加減でグリルにして味わえる。砂浜で行なわれるダンスも見どころのひとつ。

MAP 付録P.6 F-1　タモン

所 ホテル・ニッコー・グアム内
☎ 671-647-2804
営 18:30～20:30（ショーは19:30～）
休 金～日曜 料 $68～

↓→チャモロダンスやファイヤーダンスなど魅力あふれるダンスショーが夕景のなか繰り広げられる

チャモロダンスって？

チャモロダンスは、約3500年前からグアムに住み始めた古代チャモロ人の歴史と、333年間のスペイン統治時代の様子を表現した踊りです。チャモロダンスの基本ステップは、フラのステップとほぼ同じなので、フラ経験者ならすぐに踊れるようになります♪

＼パフォーマーは総勢50名！／

太平洋の島々の伝説をさまざまなシーンに織り交ぜ展開。特殊装置を備えたステージでのパフォーマンスは必見！ ディナーはBBQのほか、サラダやアペタイザーも充実

グアム最大級の大迫力ディナーショー

タオタオ・タシBBQ ビュッフェディナー＆ショー

TAOTAO TASI BBQ BUFFET DINNER & SHOW

グアム最大規模のアイランドショー。オープンエアの空間で種類豊富なビュッフェディナーを味わえる。

MAP 付録P.6 F-1　タモン

所 Gun Beach Rd., Tumon ☎671-646-8000
営 18:15～20:15（ショーは19:15～）※10～3月は30分早まる 休 水・日曜 料 $89～
休 水・日曜 料 $120～、小人（6～11歳）$45～
※5歳以下無料

大迫力のショーは必見！

サンドキャッスル SandCastle

グアム唯一のラスベガススタイルショー。2023年に始まった「カレラ」は、太平洋の島への壮大で神秘的な旅の物語。最新のテクノロジーを駆使したステージと映像が織りなす迫力満点のショーを楽しめる。

MAP 付録P.6 E-3　タモン

所 1199 Pale San Vitores Rd., Tumon ☎671-646-8000 営 カレラ19:45～21:10（チェックインは19:15） 休 水・日曜 料 $99～、小人（2～11歳） $60～

パシフィック・アイランド・クラブ・グアム➡P.99のスーパー・アメリカン・サーカスも見ごたえ満点です。

各村で開催のお祭り“フィエスタ”で ローカルの人たちとふれあいましょう

スペインによる統治が300年以上続き、キリスト教が浸透しているグアム。各村には守護聖人を祀る教会が建てられ、年に一度盛大なお祭りが開催されます。村に訪れた人を温かくもてなしてくれる、そんなフィエスタに参加してみませんか?

フィエスタ Q&A

Q フィエスタって何?

A フィエスタとはスペイン語でお祭りを意味し、村を守る守護聖人に感謝の祈りとお祝いをする日。島内の各村で開催しているローカルのためのイベントです。

Q 村によって日が違うのはなぜ?

A 村によって守護聖人が違うためです。なかには守護聖人が2人いる村もあり、フィエスタが年2回ある村もあります。

Q どんなことをしているの?

A 教会でのお祈り、聖人像を掲げて村を巡回、チャモロ料理の提供などが基本です。村によって特色があります。

Q フィエスタに参加するには?

A フィエスタは村の人々のためのお祭りですが、観光客の参加もOK。現在、観光用のツアーは開催されていないので、開催日に合わせて個人で村を訪れましょう。

フィエスタには、現地の方のご厚意により私たちも参加ができます。感謝の気持ちを忘れず、マナーはきちんと守りましょう。子どもたちにちょっとしたおみやげを渡しても喜ばれますよ。

ディープなグアムを体験できます

各村で行われる守護聖人へ感謝を捧げるお祭り“フィエスタ”。たくさんのごちそうを用意し、平和と健康などを願う伝統的な村祭りです。そのお祭りでは、グアムの伝統文化や人々の生活ぶりなど、リゾートとは違う一面を発見することができます。地元の人々とのふれあい体験で心温まる1日を。

数え切れないほどの ごちそうが!

思い出に村人とハイポーズ

主なフィエスタの開催月

4月…バリガダ村	9月…タロフォフォ村
5月…サンタリタ村	マンギラオ村
6月…タムニング村	10月…ジョーニャ村
7月…アガット村	11月…アガニアハイツ村

村中の人々が集まります

今回おじゃましたのは
シナハニャ村です

グアムのそのほかのイベントも要チェックです

2024年3月4日　グアム・ヒストリー&チャモロ・ヘリテージ・デー
2024年4月13日　グアム・ココ・キッズ・ファンラン
2024年4月14日　グアム・ココ・ロードレース
2024年5月18日　グアム・マイクロネシア・アイランド・フェア
2024年5月24～26日　アガット・マンゴー・フェスティバル

シナハニャ村のフィエスタは毎年10月の開催。滞在中に訪れてみて MAP 付録P.5 B-3

おもなイベント
1：教会でのお祈り
2：聖ユダ像を掲げながら村を巡回
3：料理のおもてなし

1 村の教会でお祈り

厳粛な雰囲気のなかお祈りスタート

村の中心部にある聖ユダ・タデウス教会でお祈りが行われます

2 像を掲げて村を巡回します

大人も子どもも力を合わせます

難局を司るとされる聖ユダの像を掲げて村中を練り歩きます

3 みんなでビュッフェディナー

心のこもった家庭料理がずらり

ホストファミリーが作ってくれた手料理をいただきます

番外編! ダンスで盛り上がる村も!

村によっては、チャモロダンスや歌などのパフォーマンス披露もあります

かわいい子どもたちのダンスにほっこり

フィエスタでは、毎回持ち回りで決められたホストファミリーが、会場を提供してくれたり料理を振る舞ってくれます。

WATCHING FISHES
水に濡れずに お魚観察できるスポット

水に濡れたくない人やベビー連れの家族におすすめのスポットを紹介。海の世界をじゅうぶんに満喫できます。

海洋保護区ならではの透明度抜群の景色を堪能

海中展望塔

濡れずに体感できる美しい海底世界

美しい熱帯魚たちの世界に感動

フィッシュアイマリンパーク
Fish Eye Marine Park

沖合300m、水深10mの世界を濡れずに体験できる海中望遠塔。スノーケリングやイルカウォッチング、ディナーショーなどのセットツアーがおすすめ。

P.19・21

水族館

幻想的な海中世界を楽しませてくれる水族館

金・日曜は水槽の中でダイバーがサメに給餌する様子が見られる

メイクをしたまま水槽に潜ることができるシートレックは、土・日曜のみ開催($99)。水着とタオルは持参して

アクエリアム オブ グアム
Aquarium of Guam

世界でも珍しい全長100mの海底トンネルがある水族館。金・日曜の15時から開催されるサメの餌付けショーも人気。

MAP 付録P.6 E-2　タモン

所 1245 Pale San Vitores Rd., Suite400, Tumon
☎ 671-649-9191 営 10:00 ～ 18:00（最終入場17:30）
休 無休 料 $23、小人（3 ～ 11歳）$15

五感で楽しむ絶品グルメ

さんさんと降りそそぐ陽光の下で採れた新鮮な食材はグアムの宝物。
食文化を学べるチャモロ料理から豪快に味わうシーフード、
手軽に食べられるハンバーガーまで、
魅力的なグアムフードが満載です。
フォトジェニックなカフェにも行ってみましょう。

チャモロ料理で
グアムを体感

目の前に広がる海を眺めながら贅沢ごはんはいかが？

**非日常的な体験こそ、旅の醍醐味。
果てしなく続く海を見ながらのごはんはリゾート感たっぷり。
そんな景色自慢のレストランをご紹介します。**

開放的なビーチフロントが魅力

トゥリ・カフェ
tuRe' café

数少ないビーチ沿いにあるレストラン。ハガニアの海と水平線に沈む夕日が織りなす景色がロマンチックで、ローカルからの人気も高い。海がきれいな午前中もおすすめ。

MAP 付録P.5 B-3　ハガニア

所 349 Marine Corps Dr., Hagatna
☎ 671-479-8873
営 7:00 ～ 15:00
休 無休

おすすめMenu
タロ・パンケーキ　$16.49

★ナイスビュー POINT
オープンエアのテラス席からの景色は抜群

↑ビーチリゾートの雰囲気たっぷり

→人気ナンバーワンメニューのロコモコ$13.99。卵の焼き方を選べる

★ナイスビュー POINT
タモン湾に沈むサンセットは見逃せない

オープンエアが心地よい店内

オン・ザ・ビーチのグルメスポット

ザ・ビーチ
The Beach

グアム随一の人気ビーチフロントレストラン。グアム最大のビーチバーでトロピカルカクテルを片手に、シーフード、ステーキ、グルメバーガーなどグアムならではの味覚を堪能しながら、サンセットに包まれて格別なひとときを。

MAP 付録P.6 F-1　タモン

所 Gun Beach Rd., Tumon ☎ 671-646-8000 営 16:00 ～ 22:00（木・金曜は～ 24:00、土曜は12:00 ～ 24:00、日曜は12:00 ～ 22:00）休 無休

おすすめMenu
・サーフ&ターフ $75
・BBQフィエスタプレート $30

クルーズでのBBQもおすすめです

「ビッグ·サンセット·ディナー·クルーズ」では、クルーズを楽しみながら豪華ディナーが味わえます。(詳細はビッグツアーズ ☎671-646-8000)

潮風がそよぐオープンエアが◎

★ナイスビュー POINT
オープンエアの席から眺める海は最高！

おすすめMenu

- ミックスグリルプラッター$77
- ステーキ&ロブスタープラッター$132

海を眺めながらBBQを満喫

ビーチ ハウス グリル
Beach House Grill

ホテルのプール階にあるレストラン。さらにビーチが目の前というロケーションは開放感抜群で、自分でBBQを焼きながら南国気分に浸れる。BBQのほか、アラカルトも楽しめる。

MAP 付録P.6 E-2　タモン

所 デュシット ビーチリゾート グアム内
☎671-649-9000 営11:00 ～ 21:00(金·土曜は～ 22:00) ※BBQは要予約で、17:30 ～と19:30 ～の2部制
休 無休

ビーチを目前に豪快BBQ

セイルズバーベキュー
Sails BBQ

タモンのビーチ沿いに位置。料理は素材のクオリティが高く、生ビール、ソーダ、アイスティーの飲み放題とサラダバーが付いている。グアムらしく豪快なBBQが楽しめる。

MAP 付録P.6 E-2　タモン

所 152 Pale San Vitores Rd., Tumon
☎671-649-7760 ／ 671-649-6262
営 18:00～19:30、19:45～21:15 ※2回入れ替え制
休 無休

⬅海に沈むサンセットも間近に見られる

⬇潮風も心地よく、BBQには最高のロケーション

おすすめMenu

- プライムBBQ $78
- シーフードBBQ $88
- ミートBBQ $67

⬅自分のスタイルで焼くBBQで南国気分を味わおう

★ナイスビュー POINT
ビーチに張り出したテラス席で荘厳な景色に感動

BBQと迫力満点のステージが見られるディーショーもあるので、チェックしてみましょう。➡P.66

グアム伝統の“チャモロ料理”で食文化を体感してみましょう

ふだんはほとんど目にすることもないチャモロ料理ですが日本人の口にもよく合うと評判のローカルフードです。グアムの食文化にぜひ挑戦してみましょう。

チャモロ料理って？

チャモロ料理とは、マリアナ諸島に伝わる独自の料理。ココナツミルクを使用するほか、唐辛子やレモンを使うなど、味付けは酸味のあるピリ辛なものが多め。

マングローブクラブ
Mangrove Crab

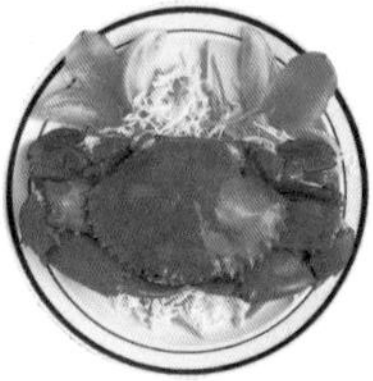

マングローブに棲むカニのボイル。ココナツミルクのソースで食べる人気料理

ルンピア
Lumpia

サクサクがおいしい

牛肉とタマネギ、ニンジンのみじん切りを巻いて揚げたチャモロ風春巻き

鮮魚のエスカベチェ
Fresh Fish Escabeche

魚の唐揚げにアチョーテの汁で野菜を煮たソースをかける家庭料理

ココナツクラブ
Coconut Crab

茹でたヤシガニにココナツミルクと野菜を煮たソースをかける料理

タコのケラグエン
Octopus Kelaguen

タコをグアム産の生唐辛子とレモンで和えたマリネ風のピリ辛料理

パンシット
Pancit

アチョーテの粉で色付けします

歯ごたえのいい麺をたっぷりの野菜や肉と炒めたグアム風の焼きそば

車エビのココナツミルク煮
Shrimp with Coconut Milk

ニンニクでソテーした車エビと豆を炒め、ココナツミルクで煮た料理

レッドライス
Red Rice

チャモロ料理でポピュラーな赤飯。アチョーテの汁で炊き、赤い色をつける

チャモロ料理の秘訣はスパイスです！

ホットペッパー

唐辛子。辛さは種類により差がある

ターメリック

ショウガ科の多年草。香辛料、着色料に

ココナツミルク

脂肪分を多く含んだ果実の液状胚乳

アチョーテ

日本名は紅の木。ライスの色付けなどに使う

Sweets

ラティーザ

コンデンスミルクのクリームを使うケーキ

ウベイモアイス

ウベイモ(紫いも)を使ったアイス(上)

ググリア

かりんとうのようなお菓子。ほどよく甘い

ケンタッキーでもチャモロ料理が!?

グアムのケンタッキー・フライドチキンでは、セットや単品にレッドライスやマッシュポテトなど、チャモロ料理を取り入れたメニューがあります。ケンタッキーに行く時は、ぜひ食べてみましょう。

チャモロ料理が食べられるのはこちらです

プロア Proa

↑小さく切ったアヒ(マグロ)の刺身がクレープに包まれたプロア・スタイル・ベガーズ・パース$15.95

←イパオ公園を見渡す大きな窓から光が差し込む開放的な店内

伝統の料理が新しい味に

現代風にアレンジしたチャモロ料理とパシフィック・リムのレストラン。ロイズなどで修業を積んだシェフの料理は洗練された味付けで評判。

MAP 付録P.7 A-3 タモン

所 429 Pale San Vitores Rd., Tumon
☎ 671-646-7762
営 11:00〜14:00、17:00〜21:00
休 無休

ロンズ・ダイナー Ron's Diner

←料理コンテストで優勝した、スパイシーなチキンの料理カドゥン・ピカ$16
↑明るく家庭的な雰囲気

食べごたえのある料理が充実

ローカルが慣れ親しんだグアムの家庭料理を手ごろにおいしくいただける店。コンテストで優勝するほど定評のあるチャモロ料理は、グアムに行ったら味わう価値あり。

MAP 付録P.4 C-4 マンギラオ

所 F&J Bldg., unit 1& 2. University Dr., Mangilao ☎ 671-734-7667
営 10:00〜14:00、17:00〜19:45(金曜は10:00〜14:00、日曜は8:00〜14:00)
休 土曜

ダ・ローカル・グラインド・ハウス Da Local Grind House

↑フィエスタ・プレート$14.99。BBQショートリブとニンニクが利いたレッドライスは相性抜群! ←アットホームな雰囲気の店内

チャモロ初心者にもおすすめ

オープンしてからあっという間に人気店となったチャモロフード・レストラン。オーナー夫妻が愛情を込めて作る料理は地元の人からも愛され、素朴なグアムの家庭の味を求め、足を延ばす人も多い。

MAP 付録P.5 C-3 バリガダ

所 288 W Purple Heart Hwy., Barrigada
☎ 671-969-3688
営 11:00〜18:00(木曜は〜20:00、金曜は〜20:30、土曜は10:30〜20:30)
休 日曜

チャモロ料理の味付けの基本は「甘」「辛」「酸」と、その組み合わせ。テーブルなどに置かれた香辛料で好みの味に調整できます。

ロコも大好きなハンバーガー&フードコートでお手軽グルメを堪能しましょう

**買い物の途中、時間をかけずにサクッとごはんを食べたい……
そんなときはひとつで満足できるボリューミーなハンバーガーや、
モール内にあるフードコートでお手軽に済ませましょう。**

アメリカンサイズのハンバーガーはひとつでお腹も大満足

C アボカドバーガー
パテはリブアイと肩ばら肉をミックスして毎日手ごね。ジューシーでアボカドと相性抜群

A ランチェルバーガー　$12
香ばしく焼き上げたパテとベーコンをバンズで挟む、看板メニュー

A グリルド・チーズ・バーガー$13.50
2種類のチーズを挟んだ正方形のバンズで味わう。香ばしく焼き上げたビーフパテは肉厚でジューシー

B スピナッチ・マッシュルーム&ブルーチーズバーガー$12.95
ホウレン草とマッシュルームがパテに練り込まれ、ブルーチーズソースの香りと塩味がくせになる

地元発、評判のハンバーガー店

A メスクラ・ドス
Meskla Dos

ハガニアのチャモロ料理店「メスクラ」の2号店。1号店よりカジュアルな店で、人気のハンバーガー系やBBQセットなどがそろう。

MAP 付録P.7 C-4　タモン

所 1352 Pale San Vitores Rd., Tamuning
☎ 671-647-6296
営 11:00〜21:00
休 無休

ローカルに人気の屋台が出店

B モサズ・ジョイント
Mosa's Joint

グアムバーガーフェスタで優勝経験もある人気の店。他店では食べられない独創的なハンバーガーが多く、どれも絶品と評判。

MAP 付録P.10 A-2　ハガニア

所 101 Quan Bldg., 324 West Soledad Ave., Hagatna
☎ 671-969-2469
営 11:00〜21:00(金・土曜は〜22:00)
休 日曜

絶品ハンバーガーならココ!

C ハンブロス
Hambros

真っ青な外観が目を引くハンバーガー店。ツーリストも多く訪れる人気店で、バーガーのおいしさだけでなく、店の内外観もフォトジェニックで、つい写真を撮りたくなる。

MAP 付録P.6 E-3　タモン

所 1108 Pale San Vitores Rd., Tamuning
☎ 671-646-2767
営 11:00〜20:30(金・土曜は10:30〜21:30)
休 火曜

ランチ節約派ならフードコートへ

ランチにはあまりお金をかけたくない…という人には、フードコートがおすすめ。手ごろな値段で多国籍の料理が選べるのでおトクです。

グアムの2大フードコート

ショッピングの合間には安くてお手軽なフードコートへ

チャーリーズ・フィリー・ステーキ
Charley's Philly Steaks
フィリーズ・チーズステーキ$8.99～。オーダーしてから肉を焼くのでアツアツ

シンズ・カフェ・ケバブ&カレー
Singh's Cafe Kabab and Curry
毎日8種ほどのカレーが並び、チキン・ティッカ・マサラ$10.99は一番人気のカレーライス

編集部イチオシ!

スバーロ
sbarro
トマトソースがたっぷりとかかったミートラザニア。サラダとガーリックロール付き

ロコガールオススメ

インペリアル・ガーデン
Imperial Garden
写真はおかず2品$11.50～。おかずとライスの種類が選べてボリューム満点

\\ グアム・プレミア・アウトレット内 //

D グアム・プレミア・アウトレット フードコート
Guam Premier Outlets Food Court

タコベルやチャーリーズ・フィリーステーキなどのファストフードをはじめ、チャモロ料理や和・洋・中などバラエティ豊かな店が軒を連ねる。

MAP 付録P.9 B-3　タムニング

所 グアム・プレミア・アウトレット内
☎ 671-647-4032
営 10:00～21:00
休 無休

\\ マイクロネシア・モール内 //

E フィエスタ・フードコート
Fiesta Food Court

約25店舗が並ぶ広大なフロアには750席が用意され、ファストフードや各国料理が味わえる。伝統的なチャモロ料理の店もあり。

MAP 付録P.8 F-3　デデド

所 マイクロネシア・モール2階
☎ 671-632-8881
営 10:00～21:00
休 無休(クリスマス休あり)

グアム・プレミア・アウトレットは敷地が広く、建物の外にも有名レストランが点在しています。

定番のステーキとシーフードがぶりと豪快にいただきます

グアムでやっぱり食べたいのは、アメリカンサイズのステーキに新鮮シーフード。ローカルにも愛される人気店の味を心ゆくまで楽しみましょう。オープンエアの店もあり、景色と豪快料理の両方を味わうことができます。

ボリューム満点の豪快ステーキ

アウトバック・ステーキハウス

Outback Steakhouse

オーストラリアの未開の地、アウトバックの酒場をイメージした店。上質な肉を使ったステーキやシーフードが勢ぞろいで、看板メニューのザ・ポーターハウスは、2種類の部位を一度に食べられると人気。ハッピーアワーも開催。

MAP 付録P.6 F-2 タモン

所 パシフィック・プレイス内
☎ 671-646-1543
営 11:00〜21:00（金・土曜は〜22:00） 休 無休

おすすめMenu

- アウトバッカー・バーガー$17.95
- ロブスターディナー $55.95
- リブズ・オン・ザ・バービー $30.95

1 メルボルン・ポーターハウス$45.95　2 特製フライドオニオン、ブルーミング・オニオン$10.95　3 カジュアルな雰囲気の店内。ハッピーアワーは平日17〜19時

1 ザ ロングホーンは、骨つきストリップと柔らかいヒレを厚くカットした組み合わせ　2 全米に展開するステーキハウス

おすすめMenu

- ザ ロングホーン$53.99
- グリルドチキン&ストロベリーサラダ $17.99

アメリカ本土でも人気のステーキ

ロングホーン・ステーキハウス

Longhorn Steakhouse

1981年にジョージア州アトランタで創業したステーキハウス。アメリカンサイズのステーキはとにかくボリューム満点。さらに、ステーキメニューにはサラダやスープもついてくる。ステーキだけでなくラムチョップも人気。

MAP 付録P.9 B-3 タムニング

所 グアム・プレミア・アウトレット敷地内 ☎ 671-969-5448
営 11:00 〜 21:00（金〜日曜は〜 22:00） 休 無休

映えドリンクが隠れ人気メニュー⁉

『クラブ・ダディー』では、パステルの色味が可愛いシリアルミルクシェイクが人気。また、金魚鉢のようなシェアカクテルもあり、つい写真を撮りたくなります。

1 クラッキンキングクラブ$60。キングクラブレッグやエビ、貝などをピリ辛のトマトソースで味わう 2 キュートな壁の前はフォトスポット

豪快な手づかみシーフードが話題

ナナズカフェ

Nana's Cafe

タモン・ビーチの真横で気軽に食事ができるシーフード専門店。特におすすめは、ナナズカフェの看板メニューである「クラッキンキングクラブ」。手づかみでシーフードにかぶりついて。

MAP 付録P.6 E-2　タモン

所 152 Pale San Vitores Rd., Tumon ☎671-649-7760 営 11:30〜14:00、17:30〜21:00 休 無休

多彩なメニューが人気！

ルーツ ヒルズ グリルハウス

Rootz Hill's & Grillhouse

厳選されたUSDA認定アンガスビーフを使用。熟成肉やリブアイステーキなどが人気のステーキ&グリルハウス。オープンキッチンになっており、目の前でシェフが焼きあげてくれる特別感も◎。

MAP 付録P.6 F-3　タモン

所 グアムプラザリゾート内 ☎671-646-7803（予約は671-649-7760） 営 朝食ビュッフェ 6:30〜9:30、ランチ11:00〜14:00（月〜水曜はアラカルト、木〜土曜はテーマビュッフェ、日曜はサンデーブランチビュッフェ）、ディナー 18:00〜21:30（アラカルト&セットメニュー） 休 無休

1 4コーストマホークディナー(2名)$155 2 種類豊富な朝食ビュッフェも人気

1 シーフードコンボB $79.95。メインのカニの種類やそのほかの魚介、付け合わせを選べる 2 広い店内。カニの壁画もあるので探してみて

手づかみシーフードを満喫

クラブ・ダディー

Crab Daddy

ケイジャンスタイルの海鮮料理が楽しめる店。バケツで運ばれてくるところもユニークで、スパイシーに味つけされたカニやエビが食欲をそそる。手でつかんで、豪快に味わって。

MAP 付録P.10 C-2　ハガニア

所 117 E Marine Corps Dr. Hagatna ☎671-477-2722 営 11:00〜14:00、17:00〜20:30（金〜日曜は11:00〜20:30） 休 無休

しょう油や酢、唐辛子などが入っている「フェナデニ・ソース」はステーキやシーフードともよく合います。

せっかくのお休みだから…
シャンパン片手にサンデーブランチを

日曜の朝はゆっくりと起きて、優雅にサンデーブランチ。
平日のビュッフェより、料理も豪華でアルコールなどの飲み放題もあります。
シャンパンを飲みながらちょっと贅沢な休日を過ごしませんか。

←多ジャンルの料理がそろうビュッフェ
↓できたて料理がビュッフェステーションにずらりと並ぶ

POINT
厳選された食材を利用した、健康志向の料理が特徴

↓白を基調とした清潔感がある店内

テイスト Taste

モダンな最新スタイルのダイニング

目の前で調理され、できたてがすぐに食べられるビュッフェレストラン。サンデーブランチでは世界各国の料理が楽しめる。

MAP 付録P.6 F-2　タモン

所 ウェスティン リゾート グアム内
☎ 671-647-1020 営 6:30〜12:00（日曜は〜10:30）、11:30〜14:30（月〜土曜のみ）、18:00〜21:00（月〜土曜のみ） 休 無休
料 朝$27.50、昼$33、夜$40〜

Sunday Brunch

🕒 6：30〜10：30
$ $55

スパークリングワインとコーヒー、紅茶は飲み放題。それ以外のアルコールは有料

Sunday Brunch

🕒 10：30〜14：00
$ $53.90

シャンパン飲み放題。そのほかのビールやワインなどの酒類は有料。ローカルも絶賛の味

←グアム近海で獲れたシーフードや肉料理が満載。シャンパンともよく合う

POINT
料理の種類も豊富だが、デザート類が多いことでも人気

ビストロ BISTRO

地元の人々に愛されるレストラン

アジアと地中海のテイストをミックスさせたフュージョン料理が得意。サンデーブランチにはピアノの生演奏もある。

（左）落ち着いた店内でゆっくりと食事が楽しめる（右）アジアやヨーロッパ、チャモロの趣向を取り入れた料理が並ぶビュッフェ

MAP 付録P.7 B-3　タモン

所 パシフィック・アイランド・クラブ・グアム（PICグアム）内 ☎ 671-646-9171 営 12:00〜14:00（日曜は10:30〜）、18:00〜21:00 休 土曜のランチ（※2024年1月現在平日のランチも休止中） 料 昼$24〜、夜$36〜

サンデーブランチとは？

日曜の朝、遅めに起きてとる朝食・昼食兼用の食事。平日より、料理メニューも豪華になり、アルコールも飲み放題（ホテルにより異なる）なので、のんびりとぜいたく気分を味わえます。

POINT
グアムならではのBBQリブやトマホークステーキ、マッシュルームスープがおすすめ

カフェ キッチン Café Kitchen

バラエティに富んだ料理が話題

グアムで獲れた食材の味わいを楽しめるメニューが豊富。前菜、メイン、デザートから好きな内容を注文できるランチが人気。

MAP 付録P.6 E-3　タモン

所 ハイアット リージェンシー グアム内
☎ 671-647-1234 営 7:00～10:00、11:30～14:00、18:00～21:00 休 無休
料 朝＄33、昼＄35、夜＄68

⬆さまざまな肉料理のカービングステーションやイタリアン料理などが食べ放題で楽しめる

Sunday Brunch

🕒 11：30～14：00
$ $68

スパークリングワイン、クラフトビール、ワインの飲み放題付き

➡気軽に利用できるカジュアルダイニング

ラ・カスカッタ La Cascata

好きな食材を選んで調理してくれる

種類豊富なビュッフェが楽しめる、インターナショナルなダイニング。

MAP 付録P.9 A-2　タムニング

所 リーガロイヤル・ラグーナ・グアム・リゾート内 ☎ 671-646-2222 営 6:30～10:00、11:30～14:00※2024年1月現在ディナー休業中 休 無休 料 朝B$30（6～11歳$15）、昼$40（6～11歳$20）、木曜限定フィリピンビュッフェは$45（6～11歳$22.50）

POINT
好きな食材を選んで調理するモンゴリアン・バーベキュー

⬆アイスクリームはハーゲンダッツを用意

⬅曜日ごとにテーマが変わるので毎日でも飽きない。ビュッフェの品数も豊富

Sunday Brunch

🕒 11：30～14：00
$ $55

スパークリングワインやビール、紅茶などが飲み放題

アイランダー・テラス Islander Terrace

ローカルにもファン多数

ビュッフェスタイルの食事を楽しめるレストラン。夕食には曜日ごとにジャンルが異なるビュッフェが好評。

MAP 付録P.7 A-2　タモン

所 ヒルトン グアム・リゾート＆スパ内 ☎ 671-646-1835 営 6:30～10:00、11:00～14:00、17:00～21:00 休 無休 料 朝$28（5～11歳 $14）、昼$35～（5～11歳 $17.50～）、夜$48～（5～11歳 $24～）

⬆ランチタイムは肉、魚料理が並ぶ

POINT
ホテルメイドのパンが人気

Sunday Brunch

🕒 11：00～14：00
$ $60

「テイスト」は、5年連続で＜ベストビュッフェレストラン＞を受賞しているほど料理に定評があります。

ローカル御用達のアメリカンレストラン&アジアンレストランへ足を運びましょう

グアムだからこそ楽しめるアメリカンなレストランはもちろん、
本場顔負けのアジア料理も楽しめるのが、アジアに近いグアムならでは。
その日の気分に合ったレストランへ出かけてみましょう。

ロコガールもオススメ アメリカン

好きな具材を選んで
自分好みのピザが作れる

⬆モッツァレラチーズたっぷりのカスタムパイ$15.99 ➡グアム・プレミア・アウトレットのすぐそば

パイオロジー
Pieology

好きな具材を選んでカスタムピザをオーダーできるピザ専門店。何種類トッピングしてもプラス料金がかからないのがうれしい。

MAP 付録P.9 B-3　タムニング

所 グアム・プレミア・アウトレット横
☎ 671-969-9224
営 11:00～20:00
休 無休

全米で人気のイタリアンが初上陸
肉、魚からパスタまで種類豊富

⬆ツアー・オブ・イタリー $24.29～。サラダとスープは食べ放題 ➡カジュアルな雰囲気で本格イタリアンが楽しめる

オリーブ・ガーデン
Olive Garden

全米で800店以上展開しているイタリア料理店がグアムに進出。スープとサラダが食べ放題になるランチがおすすめ。キッズミールも充実している。

MAP 付録P.6 E-3　タモン

所 タモン・サンズ・プラザ内
☎ 671-989-0008
営 11:00～20:00
休 無休

本土に260店以上ある人気店
オリジナリティあるピザが魅力

⬆クリスピー生地にフェンネル・ソーセージとペパロニが入ったスパイシー・ミラノ$20.99 ➡店内は広々

カリフォルニア・ピザ・キッチン
California Pizza Kitchen

デュシットプレイス内にある、カリフォルニアスタイルのピッツァを楽しめる人気チェーン店。メニューはどれも手ごろで、ピッツァはもちろん、サラダなどの前菜やパスタも充実している。

MAP 付録P.6 E-3　タモン

所 デュシットプレイス内
☎ 671-647-4888
営 11:00～21:00（金・土曜は～22:00）
休 無休

オーガニック食品があるスーパー

オーガニック食品を探すなら、ペイレス・スーパーマーケット→P.53が品ぞろえ豊富。自然派志向の人に人気です。

地元でも大評判の アジアン

本格的な味が支持されている
タイ料理のビュッフェが人気

↑ディナーメニューの車えびとパイナップルのタイカレー $17(手前) →ランチビュッフェの料理は日替わり

バン・タイ
Ban Thai

旅行者、地元客を問わず人気の店で、定番のレッドカレーやパッタイなど本場タイの味が楽しめる。コスパ抜群のランチビュッフェが特に人気。

MAP 付録P.6 D-3　タモン

所 971 Pale San Vitores Rd.,Tamuning
☎ 671-649-2437
営 11:00～14:00、16:30～21:00(木～土曜は～22:00)
休 無休

手作り豆腐を使った本格的な
スンドゥブが看板メニュー

↑スンドゥブとのセット、カルビコンボ $26.99。6種のサイドディッシュが付いてくる →韓国語が店の目印

LAトウフ&カルビ
LA Tofu & Galbi

内装はオーナーみずからがデザインし、モダンな雰囲気。スンドゥブの種類は豊富で、ハム&チーズといった変わり種も扱う。石窯で炊いたご飯も付いてくるので、ボリューム満点。本格的な韓国焼き肉も味わえる。

MAP 付録P.9 B-3　タムニング

所 378 Chalan San Antonio, Villo Trust Bldg. Ste 104, Tamuning ☎ 671-646-6466
営 11:00～14:30、18:00～21:30 休 無休

グアム在住のフィリピン人が
こぞって通う人気店

↑カレ・カレ・オックステール$15.95(手前)。ピーナツバターが入っている →奥にもテーブルが並ぶ広々とした店内

ベン・アンド・ヤンズ・バーベキュー・プレイス
BEN N' YAN'S bbq place

15年ほど営業している、地元の人に人気の本格フィリピン料理店。地元のグルメ賞でベストフィリピン料理賞を過去4回受賞している実力派で、フィリピンのお菓子なども販売している。

MAP 付録P.8 F-3　デデド

所 108 Manhattan Blvd. Army Dr., Dededo ☎ 671-649-3869
営 10:00～23:00(土・日曜は8:00～)
休 無休

朝から元気をチャージできる おいしい朝食で１日を始めましょう

**グアムで食べられる朝食は、バリエーション豊富。
パンケーキやエッグベネディクトなど、定番メニューがそろいます。
せっかくなら早起きして、優雅な朝を過ごしましょう。**

ふかふか生地に
幸せ気分♡
パンケーキ

フレッシュ・ストロベリー・ホイップクリーム・パンケーキ
もちもち生地に甘酸っぱいイチゴと口溶けのよいホイップクリームがのる。$17.25

ホイップたっぷりのパンケーキが名物
エッグスンシングス
Eggs'n Things

ハワイ発の人気店。ホイップクリームが山盛りのパンケーキが名物。グアム限定メニューのチャモロ・ロコモコも見逃せない。

MAP 付録P.6 F-2　タモン
所 1317 Pale San Vitores Rd., Tumon
☎ 671-648-3447
営 7:00～14:00
休 無休

黄身がとろ～り！
たまらない
エッグベネディクト

ベネディクト・チャモロ
チャモロソーセージがのった、グアムらしい朝食限定のエッグベネディクト$14.50

名店の姉妹店がタモンの街なかに
リトル・ピカズ Little Pika's

グアムの人気店といえば必ず名前が挙がるピカズ・カフェ（➡P.87）の姉妹店。グアム産の食材を使ったメニューを1日中楽しめる。

MAP 付録P.6 F-3　タモン
所 1300 Pale San Vitores Rd., Tamuning ☎ 671-647-7522
営 7:30～21:00 休 無休

卵とミルクの
ふわとろ食感
フレンチトースト

ストロベリー・バナナ・フレンチトースト
新鮮なイチゴとバナナをちりばめたシンプルで人気のフレンチトースト。甘すぎず食べやすい。$15.49

アメリカンな人気ファミレス
アイホップ IHOP

アメリカの人気チェーン店がグアムに登場。パンケーキはもちろん、バラエティ豊かでボリューム満点のオムレツもおすすめ。

MAP 付録P.6 E-3　タモン
所 デュシットプレイス内
☎ 671-989-8222
営 9:00～21:00 休 無休

理想の朝食をカスタマイズ

クラックド・エッグでは、目玉焼きやスクランブルエッグなど卵の好きな食べ方を選べます。お肉もハムやソーセージから選べますが、せっかくならグアムならではのチャモロソーセージを選んでみましょう。

早朝、深夜も客が絶えない
パンケーキと卵料理の店

クラックド・エッグ The Kracked Egg

オムレツ各種、ベネディクトなどメニューが充実。チャモロ風のメニューなどもあり、ボリューム満点。ていねいな接客も評判。

MAP 付録P.6 E-3　タモン

所 1051 Pale San Vitores Rd., Tumon
☎ 671-648-0881 営 7:00〜14:00
休 無休

アサイ・ミニ・ホットケーキ

パンケーキにアサイがのった珍しいパンケーキ。日によってフルーツとグラノーラは替わる。$10.95

栄養満点＆ヘルシー

アサイーボウル

コーヒー片手に休憩するならここ

ホノルル・コーヒー・カンパニー

Honolulu Coffee Co.

ハワイ発のコーヒーショップ。選び抜かれたコーヒーをはじめとするバラエティ豊かなドリンクを味わえる。フードメニューも豊富。

MAP 付録P.6 E-3　タモン

所 タモン・サンズ・プラザ内
☎ 671-647-7888
営 10:30〜17:00
休 無休

アサイーボウル

スムージー状のアサイーの上に、たっぷりのフルーツやココナツをトッピング。$10〜

マイティー・パープル・カフェ
➡P.86

アサイーボウル

ザクザク食感のグラノーラがたっぷり入っていて食べごたえ満点。$11.95〜

「ホノルル・コーヒー・カンパニー」では、コナ・クリームなどのパンケーキも人気です。

ゆったり時間を過ごすなら居心地のよいくつろぎカフェへ

のんびりお茶でもしたい……そんなときには、癒しと憩いのくつろぎカフェで、ほっこりするのがおすすめです。素敵な空間でおいしいドリンクやフードを頬張るのは至福のひとときです。

➲ホットドッグのニューヨーク$7.25。タマネギやベーコンがたっぷり

フィズ&コー Fizz & Co

レトロポップなかわいいカフェ

50'sポップアートをテーマにした人気カフェ。ダイナー風のおしゃれな店内で名物のホットドッグを味わえば、ローカル気分も盛り上がる。一番人気のピンク色のクリームソーダも忘れずにオーダーして。

MAP 付録P.10 C-3　ハガニア

所 アガニア・ショッピングセンター内
☎ 671-922-3499
営 10:00〜20:00(日曜は〜18:00)
休 無休

ボタニカルな空間と紫のインテリアが調和

➲自家製タロブレッドのターキー×スイスメルト$9とマイティー・パープル・スムージー $7

マイティー・パープル・カフェ Mighty Purple Cafe

ヘルシー志向のローカルに大人気

アサイやタロイモを使った、紫色のメニューが豊富なカフェ。紫のインテリアがアクセントになったおしゃれな空間でのんびりしながら、人気のスムージーでリフレッシュして。

MAP 付録P.10 B-3　ハガニア

所 173 Aspinall Ave., Ste 104A, Hagatna
☎ 671-989-0959
営 9:00〜19:00(月・火曜は〜18:00、日曜は12:00〜17:00)
休 不定休

グアムのコーヒーチェーンといえば？

グアムのカフェ文化の草分け的存在といえばインフュージョン。グアムで10店舗以上展開されており、チャモロ料理を取り入れたメニューやココナッツのドリンクが楽しめます。

プロア・パティスリー
Proa Patisserie

ローカルも愛する珠玉の南国スイーツ

個性的ながら上品な味わいのスイーツが楽しめる。ココナッツを使用した南国風ケーキや変わり種のタロ・チーズケーキが人気。

MAP 付録P.7 A-3　タモン

所 429 Pale San Vitores Rd., Tumon
☎ 671-648-2253
営 11:00～14:00、17:00～21:00
休 無休

↑定番ケーキからユニークなものまで多数のスイーツがある

↑ココナッツミルクソースが絡むサーモン・ティナクタック$17

ピカズ・カフェ
Pika's Cafe

南の島の朝ご飯をゆっくり堪能

地元民に愛される、朝食やランチに最適のカフェ。料理もサンドイッチやラップにグアム産の素材を使用するなど、さりげなくロコ・スタイルが溶け込む。

MAP 付録P.6 E-4　タモン

所 Star Bldg.,888 N.Marine Corps Dr. Tumon ☎ 671-647-7452 営 7:30～15:00 休 無休 ※ディナーは予約のみ

↑ターキーサンドイッチ$6とナイトロジュースのドラゴンエイド$6

コーヒー・スラット
coffee slut

口当たりなめらかなコーヒーが絶品

ナイトロコーヒーをグアムで最初に始めたメルカーさんによる、コールドブリュー専門のコーヒーショップ。クリーミーな口当たりのコーヒーやジュースが美味。

MAP 付録P.9 B-3　タムニング

所 265a Chalan San Antonio, Tamuning
☎ 671-683-2016 営 7:00～20:00(土曜は8:00～、日曜は8:00～18:00) 休 無休

「コーヒー・スラット」で飾られている絵は、気に入れば購入することもできます。

おしゃれでかわいい見た目にキュン フォトジェニックなひんやりスイーツ

グアムで食べたいひんやりスイーツといえば、シェイヴ・アイスやアイスクリーム。個性的なビジュアルのものが多く、キュートなルックスがファンを獲得しています。王道のチェーン系アイスクリームも見逃せません。

A 1

マーメイドの足ひれ形
ハニージェリーの
トッピングがキュート

B 2

1シェイヴ・アイス$7.50(レギュラー)。シロップを3種類選べる
2バタフライピー味のリトルマーメイド$9.95。オーダーするとセットでデザート、ティーが付く

C

タピオカがたっぷりのスノーアイス(ストロベリー)$6.50

ストロベリー、メロンなど4種類の味が楽しめるマカロンクイーン(左)$13.95。チョコ、ミルクティー、ミルク味のマカロンキング(右)$13.95

B

セットのシロップをかけて味の変化を楽しめる

人気の店が移転オープン

A ハファロハ Hafaloha

2023年8月にタモンに移転し、店舗面積を拡大。シェイヴ・アイスやアサイーボウルに加え、ハンバーガーやポキなどのフードメニューが登場。➡P.44

MAP 付録P.6 D-3　タモン

所995 Pale San Vitores Rd., Tamuning
☎671-989-3444
営11:00～21:00(金・土曜は～22:00)
※フードメニューは17:00～ 休無休

写真映えするスイーツが充実

B アイス・ウナ ICE UNA

台湾スタイルのかき氷を中心にアジアンスイーツを楽しめる。タピオカやライスボール、タロボールを使ったデザートなど多彩にそろう。

MAP 付録P.7 B-3　タモン

所576 Pale San Vitores Rd. Suite 103, Tamuning
☎671-989-6889
営12:00～22:00(火曜は17:00～)
休無休

老舗タピオカドリンク店の姉妹店

C タピオカ・カフェ Tapioca Café

老舗タピオカドリンク店、スノーパールの姉妹店。オーナーは台湾出身で、タピオカドリンクのほか台湾風クレープやかき氷なども用意。

MAP 付録P.9 B-3　タムニング

所274 Chalan San Antonio, Tamuning
☎671-989-6686
営11:00～20:00
休無休

アサイー・アイスに注目

栄養価が高いフルーツ、アサイーを使ったデザートがグアムでも人気です。アイスとしても売られているので、見つけたら試してみて。

食べごたえがあって見た目もキュートなマカロンアイス。ストロベリーチーズケーキなど

4種類のアイスやフルーツ、マシュマロ、熱々のワッフルがセットになった豪華なデザートメニュー。$26.95

グラハムパイクラストの食感が楽しいアワー・ストロベリー・ブロンドと、アイスにクラッカーやパイが混ざったチーズケーキ・ファンタジー

飲むスイーツ、タロ・チーズケーキ$7.50～。グラハムクラッカーのクランブル入り

高級アイスの贅沢フォンデュを満喫

D ハーゲンダッツ
Haagen-Dazs

買い物途中で立ち寄りたいカフェ。トッピングやコーンの種類が豊富なのも路面店ならではの魅力。焼き菓子なども販売している。

MAP 付録P.9 B-3　タムニング

所 グアム・プレミア・アウトレット内
☎ 671-649-7486
営 11:00～21:00
休 無休

夫婦で営むキュートな洋菓子店

E パティスリー・パリスコ
Pâtisserie Parisco

フランス出身のパティシエが作る本場仕込みのスイーツがずらりと並ぶ。見た目も味も洗練されたケーキは常時20種類ほどそろう。

MAP 付録P.9 B-2　タムニング

所 285 Farenholt Ave., C307, Tamuning
☎ 671-646-0099
営 7:00～18:00（日曜は8:00～17:00）
休 無休

自分流ミックスアイスの先駆者

F コールドストーン・クリーマリー
COLDSTONE CREAMERY

氷点下9度の石板の上で、ナッツやフルーツとアイスクリームを目の前でミックスしてくれる。自分好みにできあがったアイスは至福の味。

MAP 付録P.8 F-3　デデド

所 マイクロネシア・モール内
☎ 671-633-8800
営 11:00～22:30（金・土曜は～21:30）
休 無休

「タピオカ・カフェ」では、バタフライピーのレモンジュースなど、二層カラーのきれいなドリンクが買えます。

至福のひとときはいかが？
絶品の別腹おやつ＆ドリンク

散策やショッピングに疲れたら、ひと休みしたくなりますよね。
そんな時は、しっかりお腹に溜まるおやつでエネルギーを充電しましょう。
南国グアムで味わうのにぴったりの爽やかドリンクもおすすめです。

小腹が空いたら食べたい
しっかりおやつ

ドーナツやプレッツェル、カップケーキなどは、休憩タイムのちょっとしたおやつにぴったりです。

A

オレオ・チョコレート・シフォン

オレオのトッピングとチョコのタルトが濃厚。チョコ好きにはたまらない

食べごたえのあるボリューム！

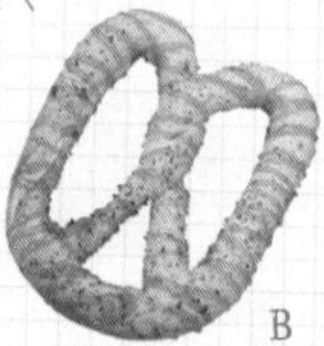

B

プレッツェル

ふわっとした食感が特徴の人気ナンバーワンメニュー。キャラメルナッツ$5.25

A

クリームパフ

ひと口サイズのシュークリーム。クリームもたっぷり！ $1

C

チョコレート・ラウンド・ドーナツ

やさしい甘さのプレーン生地とチョコのアイシングが相性抜群。$1

ストロベリー・レイズド・ドーナツ

甘酸っぱいストロベリーグレーズの色味とカラースプレーのトッピングがかわいいドーナツ。$1

アメリカンな見た目にキュン

C

ミニプレッツェルドッグ

ウインナーを巻いたひと口サイズ。軽食代わりにも◎。$7.25

B

コスパのいいおやつのお店

A グルメ・グアム
Gourmet Guam

気軽に入れるスイーツのテイクアウト専門店。カップケーキやシュークリームなどが充実。商品の値段がお手ごろなので、気軽に買える。

MAP 付録P.9 B-3　タムニング

所 251 Chalan San Antonio CAM PLAZA, Tamuning ☎671-989-4826
営 10:00～18:00（日曜は8:00～15:00）
休 土曜

多彩なプレッツェルを味わえる

B プレッツェル・メーカー
Pretzel Maker

アメリカでチェーン展開する人気プレッツェル専門店。注文してから焼くので、できたてアツアツのプレッツェルを楽しむことができる。

MAP 付録P.8 F-3　デデド

所 マイクロネシア・モール内
☎671-633-6698
営 10:00～20:00
休 無休

アメリカンなドーナツにうっとり

C ウィンチェルズ
Winchell's

アメリカの有名ドーナツチェーンがマイクロネシア・モール内でオープン。カウンターにドーナツがずらりと並び、選ぶのも楽しい。

MAP 付録P.8 F-3　デデド

所 マイクロネシア・モール内
☎671-637-1200
営 6:00～19:00
休 無休

ユニークでフォトジェニックなドリンク

写真映え狙いなら、スノー・モンスターがおすすめ。液体窒素で凍らせたスナックをシロップにつけていただくドリンクなど、とにかくユニークで見た目にも楽しいドリンクばかりです。

太陽の下で味わいたい さっぱりドリンク

暑い日差しの中、じりじりと焼け付く太陽の下で飲みたいドリンク。一気に疲れが癒されます。

バンコク・パール

クリーミーなタイティーにタピオカがたっぷり。$6

D

ストロベリーミルク

抹茶フォームがのって、ピンクとグリーンの色合いがキュート。$7.50

F

GUAMの文字とクマのロゴ入り

サンセット・パッション

夕焼けのグラデーションを表現したドリンク。ボトルはおみやげに。$7.50

E

マンゴー・オレンジ・フルーツティー

緑茶ベースで甘すぎないさっぱりとした味わい。$5

D

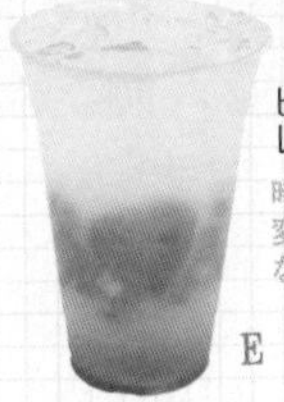

ビヨンセ・レモネード

時間が経つと色が変化していく不思議な映えドリンク。$7

E

マンゴースラッシー

喉をうるおすのにぴったりの、マンゴーのさっぱりとした甘さ。$5.95

G

アーバンスタイルのティーショップ

D ティー・ディストリクト
the tea district

パープルオレオやココナツタロといったひと味違うドリンクが楽しめるカフェ。カスタマイズも可能で、タピオカなどのトッピングも豊富。

MAP 付録P.6 F-3　タモン

所 ベイビュー・ホテル グアム内
☎671-647-8323
営 11:00 ～ 21:00
休 無休

見た目も味も文句なし！

E スノー・モンスター
Snow Monster

色鮮やかでインパクト大のスイーツが評判を集めている。アイスクリームはすべて自家製で、日本では味わえない味が豊富にそろっている。

MAP 付録P.6 E-3　タモン

所 1051 Pale San Vitores Rd., Suite102, Tamuning ☎671-649-2253
営 11:00 ～ 22:00（日曜は12:00 ～）
休 無休

F パティスリー・パリスコ
Pâtisserie Parisco

P.89

G アイス・ウナ
ICE UNA

P.88

「ハーゲンダッツ」P.89では、好きなアイスを2つ選んでミルクシェイクを作ってもらえます。

困った時のグルメスポット 知っておきたいお役立ちごはん

「アメリカならではの濃い味に飽きた」「ホテルの部屋で食べたい」など、海外旅行中はよくあるケース。そんな時に知っておくと役立つおすすめのグルメスポットを紹介します。

本格日本料理に舌鼓

日本料理／鉄板料理　嵯峨野

Japanese cuisine/ Teppanyaki SAGANO

料理長こだわりの日本料理をいただける店。お酒に合う一品料理から、新鮮な刺身や寿司、天ぷら、麺類など豊富なメニューを提供する。

MAP 付録P.9 A-2　タムニング
所 星野リゾート　リゾナーレグアム内 ☎671-647-7777
営 18:00 ～ 21:30
休 無休

1料理長のこだわりが光る和の味を堪能できる　2美しい夕陽を望むカウンターで新鮮な魚介類やステーキなどの鉄板焼きを楽しめる　3豪快に調理されるロブスターの鉄板焼き

自家製おにぎりが大人気！

おにぎりセブン Onigiri Seven

日本人オーナーが営むおにぎりフードスタンド。具がたっぷり詰まった種類豊富なおにぎりはコスパが高くておすすめ。入り口でオーダーしてその場で作ってもらえる。

MAP 付録P.6 E-3　タモン
所 1155 Pale San Vitores Rd., Tumon
☎671-649-7775
営 8:00～21:00
休 無休

1天ぷらシュリンプや、生のマグロを使ったツナポキ、レタスがアクセントの焼肉ビーフなど、人気のおにぎりがたくさん。手のひらサイズでボリューム満点！　23ほかにもカレーやうどん、丼メニューなどがある

ハード・ロック・カフェのオリジナルグッズ

ロックスターセットメニューなどのレシートを1階のショップで提示すると、非売品のオリジナルグッズが無料でもらえます。ロゴ入りなので記念のおみやげになりますよ。

1

1ニューヨークステーキ ウィズ ジャンボ プラウン $35.95。アメリカンなステーキと大きなエビ、ライスが付くボリューム満点のプレート 2朝食からディナーまでメニューが充実する 3地元客で朝から賑わう人気店

大盛りがうれしいアメリカンダイナー

シャーリーズ・コーヒーショップ

Shirley's Coffee Shop

地元で人気のレストラン。料理のボリュームが多く、フライドチキンやホットケーキなど、アメリカンサイズでボリューム満点。お得なモーニングもあり、朝から夜まで食事を楽しめる。島内に3店舗展開する。

MAP 付録P.9 A-3 タムニング
所 388 Governor Carlos G. Camacho Rd., Tamuning
☎ 671-649-6622
営 7:30～21:00 休 無休

2

3

アメリカンな雰囲気を楽しもう

ハード・ロック・カフェ Hard Rock Cafe Guam

世界各地に120店舗以上展開するロックミュージックがテーマのレストラン。定番のほか、ご当地バーガーなど、グアム限定メニューも味わいたい。1階にはギフトショップも併設している。

MAP 付録P.6 E-3 タモン
所 デュシットプレイス内
☎ 671-648-7625
営 11:30～14:30、16:00～21:30（ショップは11:00～）
休 無休

2

3

1

1ロックスターセット$69.95など、アメリカンな料理が楽しめる 2ミュージシャンが使用した楽器などが展示されているエンタメ感あふれる店内 3オリジナルTシャツはおみやげにも◎

グアムでは、持ち帰りに対応してくれる店がほとんど。ただし、ビュッフェは持ち帰りNG。

グアムの夜はこれからです おしゃれなバーやブルワリーでのんびり…

想い出に残る旅にするためには夜も素敵な時間を過ごしたいですよね。
そんな願いをかなえてくれる、おしゃれなバーやブルワリー。
トロピカルカクテルやビールを片手に大人な夜を楽しみましょう。

街なかバーで南国の夜を満喫

グリーン・リザード
Green Lizzard

ホテル街の中心にあり、地元の人にも観光客にも人気のバー。毎日22時からは地元DJが音楽を流し、クラブのような雰囲気でお酒を味わえる。

MAP 付録P.6 E-3　タモン

所 206 Pale San Vitores Rd., Tamuning
☎ 671-922-5499
営 17:00～翌2:00
休 無休

おすすめポイント

タモンの中心エリアにあり、オープンエアなので開放感たっぷり。DJや地元ミュージシャンによる演奏が行われることもあり、陽気な雰囲気に浸れる

←種類豊富なカクテルのほか、ボリューム満点の料理もそろう

←カラフルなライトが幻想的。窓がない店内は開放感たっぷり

トロピカルなカクテルを集めました

南国リゾートらしくトロピカルカクテルの種類も豊富。店オリジナルのカクテルもあるので、スタッフに聞いておすすめにトライ!

モヒート
Mojito
ラムがベース。ライムとミントの爽やかな風味は常夏にぴったり

マイ タイ
Mai Tai
オレンジキュラソーにパイナップル、オレンジ、ライムが入ったラムベースのカクテル

あと味すっきり

ハファダイ クーラー
Hafa Aadai Cooler
メロンリキュールにライトラム、パッションフルーツジュースをプラス

若者で賑わうグアムのクラブ

2022年にオープンしたナイトスポットは、収容人数600人という巨大なクラブ。最新の音響や照明設備で、体中に響くような音やダンスが繰り広げられます。

クラブ・ゾー Club ZOH MAP 付録P.6 E-3
☎671-646-8000 料 $30

圧巻の噴水ショーが楽しめる

©Mike Arty

おすすめポイント
インフィニティプールもあり、爽快な海の絶景が見られる。カクテルやスムージー、スナックとともにくつろぎたい

幻想的な噴水ショーを観賞できる

ヌヌバー
Nunu Bar

バニアンツリーにインスパイアされたおしゃれな空間が魅力。昼は海と一体になったようなインフィニティプールの絶景、夜には噴水ショーを楽しめる。

MAP 付録P.6 F-1　タモン
所 ザ ツバキ タワー内 ☎671-969-5200
営 10:00～23:00（フードLO21:45、ドリンクLO22:45） 休 無休

南国らしさを満喫できる

おすすめポイント
マイタイをはじめ、グアムらしいトロピカルなカクテルが充実。吹き抜ける風が心地よい空間

海風を感じる開放的なバー

ツリー・バー
Tree Bar

プールサイドにあり、タモン湾や恋人岬を一望できるロケーションが自慢。お酒やおつまみのほか、ピッツァなども楽しむことができる。

MAP 付録P.7 A-2　タモン
所 ヒルトン グアム・リゾート＆スパ内
☎671-646-1835
営 11:00～21:00（金・土曜は～22:00）
休 無休

ビールと味わいたいソーセージ・サンドイッチ$14

おすすめポイント
ここでしか飲めないオンリーワンのクラフトビールばかり。昼から営業しているため、日中からビールを堪能できる

グアムの地ビールならココ

カラバオ・ブリューイング
Carabao Brewing

アメリカ本土などで20年以上ビール造りに携わったオーナーがオープン。日替わりの6 ～ 12種のビールと、ソーセージなどの軽食がそろう。

MAP 付録P.10 B-2　ハガニア
所 140 Aspinall Ave., Hagatna
☎671-969-2337 営 11:30～22:00（日曜12:00～18:00） 休 月曜

チチ
Chi Chi
ウォッカ、パイナップルジュース、ココナツミルクを使用

フローズン・マルガリータ
Frozen Margarita
熱帯夜にピッタリ
ライムジュースやテキーラ、ホワイトキュラソーを使った、ドライな飲み心地

平日夕方はハッピーアワーを導入している店が多く、リーズナブルにアルコールを楽しめます。看板に注目してみてください。

南国リゾート・グアムを大満喫できるオーシャンビューのおすすめホテル

せっかく滞在するなら、オーシャンビューの部屋でキレイな海を独り占めしたい。
そんなぜいたくな願いをかなえてくれるグアムの3大リゾートホテルで
極上ステイを満喫しましょう。

1 アジアンリゾートを思わせるプールエリア　2 タモン随一の賑わいをみせるプレジャー・アイランドに位置する好立地

タイの高級ホテルがグアムに初上陸

デュシタニ グアム リゾート
Dusit Thani Guam Resort

タイの高級ホテルブランド、デュシット インターナショナルがグアムにラグジュアリーリゾートを開業。客室棟は島で最高層を誇り、その多くがオーシャンフロントビューになっている。館内に6つあるレストランとラウンジや、広々としたスパも本格派。

MAP 付録P.6 E-3　　タモン

所 1227 Pale San Vitores Rd., Tumon
☎ 671-648-8000
料 Ⓣ$340～
URL www.dusit.com/dusitthani-guamresort/ja
日本予約 FREE 0120-406-221

3 最新技術とタイ伝統療法を融合したデバラナ・スパ　4 タモン湾を見下ろす明るい雰囲気のインターナショナルレストラン　5 美しい海が眺められるクラブオーシャンフロントルーム

ホテル予約はネットでチェック

お目当てのホテルを予約するなら、まずは公式HPをチェックしてみましょう。期間限定割引や4泊目が無料になるなど、お得なプランが見つかる場合がありますよ。

ワンランク上のリゾートステイを約束

ヒルトン グアム・リゾート&スパ

Hilton Guam Resort & Spa

約13haの広大な敷地に、メインタワー、プレミアタワー、タシというそれぞれ趣きの異なる3つの宿泊棟が並ぶ。スタンダードなゲストルームは、白やベージュを基調にした内装。歴史を誇る老舗ホテルで、格式と風格は他の追随を許さない。また、人気の高いレストランやスパなどの館内施設も充実。

MAP 付録P.7 A-2　タモン

所 202 Hilton Road Tumon Bay, Tamuning
☎ 671-646-1835
料 $216～
URL www.hiltonguamresort.com/jp
日本予約 03-5413-5697

1プール越しに見えるメインタワーとプレミアタワー　2メインタワー内、オーシャンビューツインの客室　3タシには専用のラウンジやコンシェルジュデスクがあり、気軽に対応してくれる

「何もしないぜいたく」を堪能できるステイ

ウェスティン リゾート グアム

The Westin Resort Guam

ほとんどの客室にクイーンサイズのベッドを配し、すべての客室にホテル独自に開発したヘブンリーベッドとヘブンリーバスを完備。快適な寝心地とバスタイムを保証してくれる。ホテル内には日本料理やビュッフェ、バーなどの多彩な飲食施設があり、ホテルステイを更にグレードアップしてくれる。

MAP 付録P.6 F-2　タモン

所 105 Gun Beach Rd., Tumon
☎ 671-647-1020
料 $280～
URL marriott.com/gumwi
日本予約 FREE 0120-92-5956

1ホテルロードの端に位置する
2極上の眠りを提供してくれる、ヘブンリーベッドが置かれた客室
3プールの目の前にビーチが広がる

青い海をぼんやり眺めながら部屋でゆっくり朝食、そんな過ごし方も贅沢です。

ラグジュアリーホテルから手頃なコンドミニアムまで グアムホテルセレクション

ラグジュアリーホテル
Luxury Hotel

タムニング リーガロイヤル・ラグーナ・グアム・リゾート
RIHGA Royal Laguna Guam Resort

MAP 付録P.9 A-2

都会の喧騒から離れて、南国のゆったり流れる時間を体感できる高級感あふれる一流ホテル。広大なラグーンはもちろん、海と一体化したプールやアトリウムなど、随所に“水”を体感できる癒しのリゾートが広がる。

所 470 Farenholt Ave., Tamuning
☎ 671-646-2222
料 Ⓣ $200～
URL jp.rihga-guam.com
日本予約 0120-116180

タモン ホテル・ニッコー・グアム
Hotel Nikko Guam

MAP 付録P.6 F-1

レストランやプール、ビーチ、スパなど、充実した施設が魅力のホテル。全室オーシャンフロントで、恋人岬サイドとタモン・ビーチサイド、それぞれ異なる魅力の景観を楽しむことができる。日本人料理長が腕を振るう各レストランでの食事やファイヤーダンスショーなども人気。

所 245 Gun Beach Rd., Tumon
☎ 671-649-8815
料 $248～
URL www.nikkoguam.com/jp

タモン ハイアット リージェンシー グアム
Hyatt Regency Guam

MAP 付録P.6 E-3

タモン中心部に広がる南国ムードいっぱいの一大高級リゾート。全室オーシャンビューの部屋から、タモン湾を一望できるのが魅力。敷地内には豊富な熱帯植物に囲まれた3つのプール、テニスコートなども完備している。

所 1155 Pale San Vitores Rd., Tumon
☎ 671-647-1234
料 $280～
URL guam.regency.hyatt.jp
日本予約 FREE 0120-923-299

デラックス＆カジュアルホテル
Deluxe & Casual Hotel

タモン ザ ツバキ タワー
The Tsubaki Tower

MAP 付録P.6 F-1

2020年、タモン湾を望む高台に誕生。グアムの伝統や歴史を重んじつつ、モダンな快適さを兼ね備えた空間とサービスに癒される。全客室がオーシャンビューで、美しい海が見渡せる。ラグジュアリーな空間で贅沢ステイを楽しんで。

所 241 Gun Beach Road, Tumon
☎ 671-969-5200
料 $350～
URL tsubakitower.kenhotels.com/guam/jp

タモン デュシット ビーチリゾート グアム
Dusit Beach Resort Guam

MAP 付録P.6 E-2

リゾート地中心にあるビーチフロントホテルで、買い物にも便利な立地。全客室からグアムの美しい海を眺めることができる。全室レインシャワーとハンドシャワー、洗浄トイレ完備。モダンでリゾート感あふれる客室でくつろげる。

所 1255 Pale San Vitores Rd., Tumon
☎ 671-649-9000
料 $300～
URL www.dusit.com/dusitbeach-resortguam/ja/
日本予約 FREE 0120-406-221

タムニング 星野リゾート　リゾナーレグアム
Hoshino Resorts RISONARE Guam

MAP 付録P.9 A-2

ファミリーからカップルまで幅広く支持されるホテルブランドがグアムにも登場。開放感あふれる客室の窓からは雄大なハガニア湾を眺められる。ミクロネシア最大級のウォーターパークは、1日では遊び尽くせないほど魅力がいっぱい。

所 445 Governor Carlos G. Camacho Rd., Tamuning
☎ 671-647-7777
料 Ⓣ $180～（朝食、ウォーターパークの利用料、サービスチャージ、税含む）
URL hoshinoresorts.com/ja/hotels/risonareguam

日本人になじみの深い南国リゾート、グアムのホテルは
ほとんどの場所で日本語が通じるので安心です。
立地やサービスなどで好みのホテルを選びましょう。

タモン

パシフィック・アイランド・クラブ・グアム(PICグアム)
Pacific Islands Club Guam MAP 付録P.7 B-3

ウォータースライダーや魚と泳いで遊べる「泳げる水族館」など、グアム最大規模のウォーターパーク➡P.23を備える一大リゾート。プールやビーチのほかテニスなど遊びきれないほどのアクティビティを宿泊者は無料で利用できる。

所 210 Pale San Vitores Rd., Tumon
☎ 671-646-9171
料 $215～
URL pic.premierhotel-group.com/guam
日本予約 03-5413-5934

タモン

ホリデイ・リゾート&スパ・グアム
Holiday Resort & Spa Guam MAP 付録P.6 D-3

大理石のロビーに、シンプルでゆったりした広めの客室が印象的なホテル。ビーチまで徒歩1分で料金、立地、すべてに満足できる。好立地&リーズナブルな料金で若者やファミリー層に人気が高い。広く開放的な客室でくつろげる。

所 881 Pale San Vitores Rd., Tumon
☎ 671-647-7272
料 Ⓣ $93.60～
URL holidayresortguam.com

タモン

グアムリーフホテル
Guam Reef Hotel MAP 付録P.6 F-2

ロケーションや眺望が人気のホテル。ビーチタワーにある畳の敷かれた和洋折衷のジャパニーズスイートルームも好評。海と一体化し無限に広がる開放感が楽しめるプールも完備。ロビーには日本語スタッフ常駐デスクも。

所 1317 Pale San Vitores Rd., Tumon
☎ 671-646-6881
料 Ⓣ $380～
URL guamreef.com

タモン

グアムプラザリゾート
Guam Plaza Resort MAP 付録P.6 F-3

T ギャラリアなどが建ち並ぶ繁華街にあり、館内にはおみやげからファッションまでそろう、グアム最大のセレクトショップJPスーパーストア（→P.53）があるので買い物に便利。バラエティに富んだレストランもそろう。落ち着いた空間でゆっくりくつろごう。

所 1328 Pale San Vitores Rd., Tumon
☎ 671-646-7803／8
料 Ⓣ $155～
URL www.guamplaza.com

タモン

グランド・プラザ
Grand Plaza Hotel Guam MAP 付録P.6 D-3

124 室の客室があり、イパオ・ビーチなどが近くにあるので、マリンスポーツを楽しみたい人や、ダイビングをメインに長く滞在したい人にもおすすめ。カジュアルな雰囲気が魅力で、ホテルスタッフもフレンドリーに対応してくれる。

所 1024 Pale San Vitores Rd., Tumon
☎ 671-647-0630
料 Ⓣ $109～
URL www.grandplaza-guam.com

コンドミニアム
Condominium

タモン

ガーデンヴィラホテル
Garden Villa Hotel MAP 付録P.7 C-4

タモン中心部にあるヴィラスタイルのホテル。

所 800 Pale San Vitores Road, Tumon
☎ 671-647-0850 料 スタジオ$100.80～、ワンベッドルームスイート$122.40～、ヴィラスイート$136.80～
URL www.gardenvillahotel.com/ja

タモン

ロイヤル・オーキッド
Royal Orchid Guam Hotel MAP 付録P.7 B-3

ゆとりある客室でエレガントな雰囲気が好評。

所 626 Pale San Vitores Rd., Tumon
交 サン・ヴィトレス・ロード中央部
☎ 671-649-2000 料 ⓈⓉ $130～
URL www.royalorchidguam.com

ジョーニャ

レオパレス・リゾート・グアム
LeoPalace Resort Guam MAP 付録P.4 B-4

島の中央に位置する大型リゾート宿泊施設。

所 221 Lake View Dr., Yona
☎ 671-471-0001 料 プレミアルーム$171～、ラグジュアリールーム$247～、メダリオンルーム$285～
URL www.leopalaceresortguam.com/ja/index.html

ホテル宿泊者は無料になるアクティビティやレンタルなどもあるので、ホテルに到着したらコンシェルジュに聞いてみましょう。

まずはグアムの出入国について おさえましょう

グアムの玄関口はA.B.ウォンパット国際空港。一般的にはグアム国際空港と呼ばれています。出入国の手順を知っていれば慌てずにすみますが、空港への移動は早めにを心がけましょう。

アメリカ入国の流れ

1 到着 Arrival

到着後、2階のコンコース・レベルへ。そのまま同フロアの入国審査（Immigration）へと向かう。

2 入国審査 Immigration

帰国日まで有効なパスポート、ビザ免除書類I-736（電子渡航認証ESTAを取得している場合は不要）、帰りの航空券（eチケット控え）を係官に提示。顔写真の撮影と指紋採取を受ける。滞在目的や滞在日数などを質問されることもある。また、ESTAを取得したパスポートでのアメリカ（グアムを含む）入国が2回目以降の場合は、APC（自動入国審査端末）での入国手続きも可能になった。

3 手荷物受け取り Baggage Claim

入国審査が終わったら、地下1階の荷物受取所（Baggage Claim）へ。搭乗便名が掲示されたターンテーブルで荷物を受け取る。荷物が見つからなかったり、破損している場合はクレームタグを見せて係員に申し出る。

4 税関 Customs

申告するものがなければ緑のサイン、申告するものがあれば赤のサインへ進み、デジタル税関申告書のQRコードを提示して機械で読み取る。

5 到着ロビー Arrival Lobby

税関から到着ロビーに向かう出口は1カ所。ロビーではツアーやホテルの送迎スタッフが待機している。

45日以内ならESTA（エスタ）免除！

グアムはアメリカの準州ですが、日本国籍者で45日以内のグアム滞在であれば、グアムー北マリアナ諸島連邦ビザ免除プログラム（Guam-CNMI VWP）が適用され、アメリカ入国に必要な電子渡航認証ESTA（エスタ）の取得が免除されます。その代わり、機内などで入手できるビザ免除申請書類「Form I-736 ⇒P.101」の記入が必要になります。

アメリカ出国の流れ

1 空港へ To Airport

セキュリティチェックに時間がかかるため、出発の2～3時間前には空港へ向かい、1階の出発ロビーへ。

2 チェックイン Check in

航空会社のカウンターや自動チェックイン機でパスポートと航空券（Eチケットの場合は旅程確認書）を提出。預ける荷物は施錠できないので、スーツケースにはベルトを忘れずに。

3 出国審査 Immigration

航空会社のカウンターでチェックインと同時に出国審査も終了。

4 セキュリティチェック Security Check

手荷物検査とボディチェックを受ける。日本と同じように、セキュリティチェックポイントから先の空港内及び航空機内への液体類の持ち込みは制限されている。また、ライターやマッチの持ち込みは1人1個まで。

5 出発ロビー Departure Lobby

搭乗券に記載されている搭乗ゲートへ。出発を待とう。

●日本帰国時の免税範囲 ※20歳未満の場合、範囲内でも免税にならない。

酒類	3本（1本760mℓ程度のもの）※
たばこ	紙巻200本、葉巻50本、その他250gのいずれか。加熱式たばこは個装等10個（紙巻たばこ200本相当）まで。日本製、外国製、居住者、非居住者の区別はない※
香水	2オンス（1オンスは約28cc）
その他の品物	20万円まで。品物の合計額が20万円を超える場合、20万円の枠におさまる品物が免税、それ以外のものが課税対象に。合計額1万円以下の同一品目はすべて免税

●日本へのおもな持ち込み制限

- 動植物とその加工品（肉製品、フルーツ、野菜を含む）
- 麻薬などの規制薬物、武器、爆発物、偽造通貨
- 偽ブランド品などの知的財産権を侵害する物品

税関 輸出入禁止・規制品目
URL www.customs.go.jp/mizugiwa/kinshi.htm

 ※現在、個人でアメリカからの牛肉製品（ビーフジャーキー含む）の持ち込みはできません。スーパーで購入した場合、現地で食べきりましょう。

厳しい航空機のセキュリティチェック

航空機には荷物の制限が多く、規定量を超える液体類は機内へ持ち込めません。モバイルバッテリー、カメラの予備電池、ライターにも持ち込み制限があり、預ける荷物には入れることはできません。航空会社のウェブサイトなどで事前に確認しておきましょう。また、アメリカでは預け入れのスーツケースには施錠できないのでベルトを忘れずに。

ビザ免除書類の記入例

Form I-736

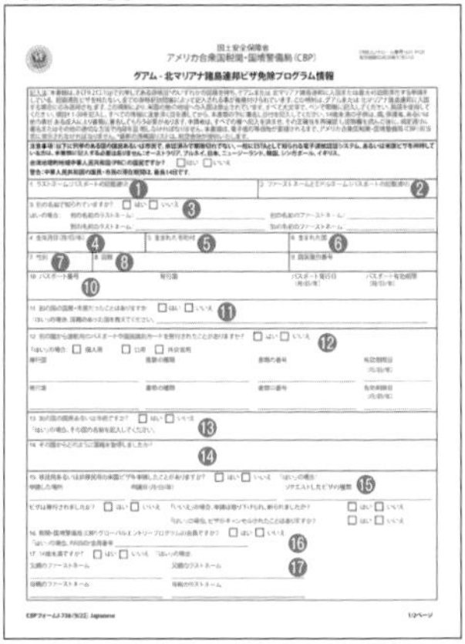

国土安全保障省
アメリカ合衆国税関・国境警備局（CBP）
グアム・北マリアナ諸島連邦ビザ免除プログラム情報

❶姓　❷名　❸他の名前
❹生年月日（月／日／西暦年）　❺出生地
❻出生国
❼性別（男性：MALE ／女性：FEMALE）
❽国籍
❿パスポート番号／発給国／発給日／有効期限　⓫～⓱質問に回答
⓲連絡先（メールアドレス／電話番号／住所／居住国）
⓳滞在中の住所（ホテル名／市町村）／電話番号
⓴緊急連絡先　㉑～㉙質問に回答　㉚有効なメールアドレス
㉛パスポートと同じサイン（14歳未満は保護者が署名）／記入日　※英字の大文字で記入。入国カードは機内で配られる。オンライン入力も可

〈未成年者の渡航について〉

18歳未満が単独または片方の親同伴で渡航する場合は、両親または同行しない親からの渡航同意書（英文）が必要となる場合がある。
詳細は、グアム政府観光局のサイトをチェックしよう。
URL www.visitguam.jp

税関申告書はオンラインで登録

グアムデジタル税関申告書（G UAM ELECTRONIC DECLARATION FORM）

従来の紙の申告書をデジタル化したもの。グアムを訪問する場合、入国前にオンライン登録が必要。下記の公式サイトで、パスポート情報や旅行日程、質問への回答などを入力する。日本語表示も選べるが、氏名などはローマ字の大文字で。登録後に表示されるQRコードは入国時に提示が必要なので、画面を保存するかメールに送信しておこう。申請は到着の72時間前から可能。家族は一緒に申請できる。

URL cqa.guam.gov

Visit Japan Web（VJW）登録

日本入国時の税関申告などに必要な情報を、WEBで事前に登録できるサービス。税関では電子申告用の端末とゲートを利用できる。VJWを利用しない場合は、従来の方法で入国手続きをすればOK。

URL vjw-lp.digital.go.jp

❶メールアドレスとパスワードを登録してアカウント作成
❷本人や同伴家族のパスポート情報、
スケジュール、航空便などを入力
❸携帯品・別送品の情報を登録する
❹日本入国時に、税関の端末で画面の
QRコードとパスポートをスキャンする

※2024年1月現在の情報です

グアム国際空港から
タムニング～タモンへのアクセスは？

日本からのフライト到着は14時頃から深夜までと時間帯も幅広いグアム国際空港。空港からタムニング～タモンへはホテルの送迎バスを利用するのが便利です。

グアム国際空港

MAP 付録P.9 B-4

☎671-646-0300

URL www.guamairport.com

日本～グアム間	
成田国際空港	
関西国際空港	約3時間30分
中部国際空港	

※福岡からの便もある

直行便のある航空会社	
ユナイテッド航空	URL www.united.com
日本航空（JAL）	URL www.jal.co.jp

空港全体図

ホテルの送迎バス

ホテルによってはバス送迎もあり。利用には予約が必要な場合があるので事前に確認を。到着ロビーまでスタッフが迎えに来るか、到着ロビーでサインを探す。

空港からタムニング～タモンへのアクセス

タクシー

まずはホテルに荷物を置きたい人はこちら

ホテルの送迎バスがないときなどに便利。乗車場は到着ロビーのEAST出口から出ると分かりやすい。また、料金の10～15%程度のチップを支払う。荷物をトランクに乗せる場合は1個につき$1～2追加しよう。日本にはない習慣なので忘れないように。乗車料金はタモンのホテルまで、約$20～25と考えれば大丈夫。

⬆タモンまでは約15分。すぐに行動開始できるのがメリット

レンタカー

空港で借りれば帰りもすごく便利です

1日約$40～とほかの交通手段よりは少々高くつくが、その分自由な移動ができるのがレンタカー。現地で手配する場合は、到着ロビーの各レンタカー会社のカウンターで手続きを。このとき、少し待つ場合もあるので注意。日本から予約していった場合は必ず予約確認書を提示しよう。

⬆グアムでは車移動が便利なのでレンタカーはおすすめ

これだけは知っておきたい GUAMステイのアドバイス

グアムで快適に過ごすためのノウハウをご紹介します。
レストランやショップでのマナー、アクティビティの注意点など、しっかり把握しておきましょう。

レストランのアドバイス

1.人気店は予約しましょう

タモン中心部のレストランは混雑するので、人気店なら予約がおすすめ。日本語の通じる店も多いので、電話してみましょう。席のリクエストも一緒に。自分で予約するのが不安なら、ホテルのコンシェルジュに頼んでみて。お願いしたらチップも忘れずに。

2.利用方法

スタッフの案内で席につくルール。テーブル毎に担当が決まっているので、注文などは担当のウェイターやウェイトレスに。支払いはテーブルで。担当スタッフに「チェックプリーズ」といえば、伝票を持ってきてくれます。日本語が通じる場合も。

3.チップについて

料金の10～15%が基本。精算時にテーブルの上に置きます。カード利用の場合は、伝票のチップ欄に相当金額を書き、合計金額を記入してサイン。チップだけを現金で払ってもOK。伝票にサービス料が加算されている場合やセルフサービスの店ではチップは不要です。

4.服装とマナー

カジュアルな店の多いグアムですが、高級店では、短パンやビーチサンダルは不可。ディナーならリゾートらしいおしゃれをして行くのもおすすめです。またグアムでは禁煙法により、全てのレストランで喫煙が禁止されているので注意して。お酒は21歳から。バーでは年齢確認のためID(身分証明)の提示を求められます。パスポートのコピーを持っていると便利です。

アクティビティのアドバイス

1.アクティビティの手配は現地でも可

アクティビティは各ツアー会社のウェブサイトから出発前に予約することもできるので、早めに予約を。当日の天候や体調に左右されるのが心配なときは、現地で申し込む手もあります。ホテルのツアーデスクや旅行会社の現地ツアーデスクを利用すればスムーズ。現地の日本語フリーペーパーでも探せます。危険を伴うアクティビティもあるので保険の加入を忘れずに。

2.キャンセル規定の把握を

アクティビティなどのオプショナルツアーは、催行会社によってキャンセル料の発生時期が異なります。申し込みの際にはしっかり把握しましょう。

ショッピングのアドバイス

1.バーゲンシーズン

11月下旬～ 12月と、4月、8月がグアムのバーゲンシーズン。一流ブランドもセールになる場合があるので要チェック。

2.サイズ表記の違いに注意

アメリカと日本ではサイズ表記が異なるので、右の表を参考にして。ただし、メーカーによってかなりのバラつきがあるので、購入前には必ず試着を。ヨーロッパブランドの場合は、各ショップで確認を。

指輪

日本	7	9	11	13	15
アメリカ	4	5	6	6 1/2	7 1/2

婦人服

日本	7	9	11	13	15	17	19
アメリカ	3	5	8	10	12	14	16

婦人靴

日本	22	22.5	23	23.5	24	24.5	25
アメリカ	4 1/2	5	5 1/2	6	6 1/2	7	7 1/2

3.ショッピングのマナー

一流ブランド店では商品を勝手に触らないこと。手の届くところにあっても見せてくれるよう頼むのがマナー。またいくらリゾートとはいえ、ビーチ帰りの水着姿で店に入るのも厳禁です。

ホテルのアドバイス

1.チェックイン、アウト時間の確認を

日本からの出発便では、現地深夜着、グアムからの帰国便では夕方発の便があります。到着しても部屋に入れない、出発時間より早く、チェックアウトになってしまうなんてことも。ホテルによって違うので、きちんと確認し、必要ならアーリーチェックインや、レイトチェックアウトなどの手配を。(別料金)

2.チップの目安

ベルボーイに荷物を運んでもらったら荷物1個につき$1、毛布を持ってきてもらうなど頼みごとをしたら1回につき$1が目安。ベッドメイキングはベッド1台につき$1を枕の上に。

3.ホテルの部屋も禁煙です

グアムでは禁煙法により、客室、屋内スペース(ロビー、レストラン含む)など喫煙指定場所以外では全て禁煙です。テラス等喫煙可能な場所も一部ありますが、吸う際は確認を。

4.コンドミニアムも便利でお得

キッチンや食器などが備わった長期滞在型客室がコンドミニアム。ホテルよりも間取りが広く、数人で泊まればリーズナブル。

日本と違うこともたくさん 知っておくと便利なグアム基本情報

日本人旅行者の多いグアムだけれど、ここはアメリカ。
日本との習慣の違いがいっぱいです。基本的な習慣やルールは把握しておきましょう。

電話

公衆電話の数は減少しているが、空港や公共施設には設置されていることが多い。使用方法は日本とほぼ同じ。利用できる硬貨は5¢、10¢、25¢の3種類。島内通話は1通話25¢～（電話会社により異なる）。ホテル客室からの通話は最初に外線番号をダイヤル。手数料で割高になることが多い。

グアム → 日本への国際電話

グアムから日本の ☎03-1234-5678
にかける場合

011 ▶ 81 ▶ 3 ▶ 1234-5678

- 011：国際電話識別番号
- 81：日本の国番号
- 3：市外局番の最初の0をとる
- 1234-5678：相手の電話番号

※携帯電話へかける場合は、識別番号の先頭の0を取る。090から始まるなら90

日本 → グアムへの国際電話

日本からグアムの ☎671-123-4567
にかける場合

010 ▶ 1 ▶ 671 ▶ 123-4567

- 010：国際電話識別番号
- 1：アメリカの国番号
- 671：グアムのエリア番号
- 123-4567：相手の電話番号

※携帯電話からかける場合は「+」でも可。(0の長押しなどで表示。機種によって異なる)

携帯電話とスマートフォン

日本で使っている機種も、国際ローミング対応なら使える。もちろん日本とは料金が異なり、加入している定額プランも適用されないので、出発前にチェックしておくこと。とくに、データ通信は高額になりやすく要注意。スマートフォンは、自動でデータ通信をすることがあるので、データローミングをOFF（機内モード）にするなど、必要な設定も確認しておこう。メールやLINEはなるべくWi-Fi（無線LAN）接続で使ったほうがお得。

郵便

ネット社会になっても、旅先から絵ハガキを出したい人は多いはず。ハガキや手紙には「JAPAN」と「AIR MAIL」とを表に英語で書けば、宛名は日本語でOK。あとは、郵便局やホテルのフロントなどで切手を購入して貼り、ブルーポストに投函すればよい。ハガキや手紙なら4～7日ほどで日本に届く。

インターネット

グアムでは、ホテルのロビー、ファストフード店、ショッピングセンターなどに無料Wi-Fiスポットがあり、スマートフォンなどがあればインターネットを利用できる。ただし、セキュリティが甘いので、個人情報には注意が必要。また、アプリなどをよく使うなら、空港などでレンタルできる海外用Wi-Fiルーターやプリペイド SIM、契約キャリアの海外パケット定額サービスも便利。旅のスタイルに合わせて上手に活用しよう。

マイクロネシア・モールやグアム・プレミア・アウトレットでは無料のWi-Fiが使用できる

飲料水

グアムの水道水はそのまま飲んでも問題ないといわれている。だが、石灰分を多く含むので、できればコンビニなどでミネラルウォーターを購入しよう。値段は日本と同じくらい。自販機もあるがスーパーで買うとお得で種類も豊富。

カードとATM

グアムはカード社会なので、カードは必須。多額の現金を持ち歩くのは危険なので現金は最小限に抑えたい。万が一不正利用があったとしても、カード発行金融機関が課す条件を満たせば被害金額をカード発行金融機関が補償してくれる*。カード番号と緊急連絡先の控えはカードとは別に保管を。また、Visaなどの国際ブランドのマークがついたカードなら現地のATMから現地通貨が引き出せる。ATMは24時間利用できるものも多くて便利。渡航前に暗証番号や限度額を確認しておこう。クレジットカードの場合は、海外キャッシングの可否も合わせて確認を。またクレジットカードはホテルやレンタカー会社ではデポジット（保証金）代わりとしても使える。

※詳しい条件および制限などについては、カード発行金融機関にご確認ください

トイレ

タモンのビーチやショッピングセンター、恋人岬など一部の観光スポットには公衆トイレがある。しかし、郊外にはほとんどなく中には紙がないことも。ドライブやオプショナルツアーで郊外を巡る場合は、ガソリンスタンドなどに立ち寄った際に済ませよう。

グアムならではのアクシデントにご注意

日差しが非常に強いのでビーチでの日焼けに気をつけよう

いきなり日中に肌を焼いてしまうのは、火傷を負うようなもので、濡れタオルなどで冷やしても痛みが引かないことも。日焼け止めは必須です。また、屋外での観光や街歩きの際にも日射病や熱中症に注意を。日中は日差しよけの帽子をかぶり、水分をこまめに補給、また、冷房を効かせた店が多いので体温調整のための上着は常に用意をしておくと安心です。

他人から預かる荷物に注意！

海外では、たとえ知人からでも、不用意に荷物や物品を預からないこと。知らぬ間に麻薬などを運ばされ、重罰（国によっては死刑）になるケースが増えています。十分に注意を。

トラブル対策

＜ケガと病気＞

グアムの病院は基本的に予約制なので、急な病気やケガの場合は、ホテル内ならフロントへ、外出先であれば電話で保険会社やマイクロネシア・アシスタンス（MAI➲P.108）の指示を受け、適切な病院を紹介してもらおう。緊急の場合は救急911へ。自分で動ける状態であれば、加入している海外旅行保険会社のサービスセンターへ連絡し、指定の診療所へ行くのが得策。キャッシュレスで治療を受けられる。

＜アクシデント＞

事故や盗難にあった場合、速やかに警察911に連絡し、被害届を出すこと。パスポートを紛失した場合は日本総領事館へ、クレジットカードやキャッシュカードを紛失した場合は、まず発行会社へ連絡を。また事故に巻き込まれた場合も、直ちに警察に連絡する。レンタカーなどで交通事故を起こした場合は、まずレンタカー会社や保険会社に連絡し、指示に従おう。国の事情や価値観も違うので、示談で済ませようとしないこと。

＜緊急時のために＞

もしものときのために、外務省海外安全情報配信サービス「たびレジ」に登録しておこう。渡航先の最新情報や緊急時の連絡が受け取れる。

URL www.ezairyu.mofa.go.jp

電圧とプラグ

電圧は110～120V、周波数は60Hz。日本用の電化製品がそのまま使えるが、電圧が高いので長時間の使用や高熱を伴うものは注意。デジタルカメラやパソコンなどの場合は、240Vまで対応可能なものも多いので事前に取扱説明書で確認を。

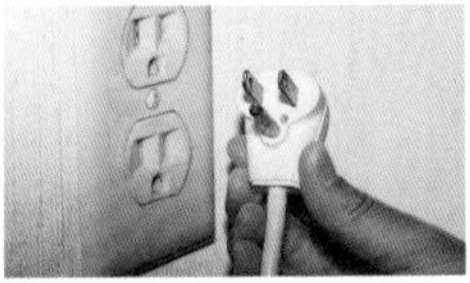

コンセントの穴は3つ。2本式と3本式の2種類のプラグが使える。日本のプラグはそのまま利用可能

おもな祝祭日&イベント

1月1日	ニュー・イヤーズ・デー	7月22日	リベレーション・デー（グアム解放記念日）
1月15日	キング牧師記念日 ★	9月2日	レイバー・デー（労働者の日）★
3月4日	グアム・ヒストリー&チャモロ・ヘリテージ・デー	11月1日	オール・ソウルズ・デー（万霊節）
3月29日	グッド・フライデー ★	11月11日	ベテランズ・デー（退役軍人の日）
3月31日	イースター（復活祭）★	11月28日	感謝祭 ★
5月27日	メモリアル・デー（戦没者追悼の日）★	12月9日	カマリン婦人記念日
7月4日	アメリカ合衆国独立記念日	12月25日	クリスマス

※クリスマス、お正月は休業する店やレストランもあるので注意　※祝祭日&イベントは2024年の予定です　★は、年により変動

グアムの交通について
ご案内します

バスの時間早見表は付録P11、路線図は付録P12へ

鉄道のないグアムは車社会。準公共機関として運行するシャトルバスやタクシー、レンタカーなどをうまく使いこなしましょう。

赤いシャトルバス Red Guahan Shuttle

ツーリストに便利なバス

タモン、デデド、タムニングなどの主要ホテルやショッピングスポットなどを網羅して走るのが赤いシャトルバス。そのうちグアムの中心部を走るのがタモンシャトル。マイクロネシア・モールからグアム・プレミア・アウトレットへ向かう南廻りとその逆の北廻りがある。

URL guamredshuttle.com

運賃とパス

運賃は一律片道$7。6歳未満の子どもは無料で、1〜5日間乗り放題のパスがあり、料金は$15〜$35

●タモンシャトル

バス名	起点	始発	終発	運行間隔
タモンシャトル南廻り	マイクロネシア・モール	9:38	20:50	約45分
タモンシャトル北廻り	グアム・プレミア・アウトレット	9:07	21:00	約45分

※南廻りの始発はパシフィックプレイス、北廻りは始発+2便が星野リゾート　リゾナーレグアムから出発

運行:ラムラムツアーズ

Tギャラリア エクスプレス T Galleria Express

T ギャラリアでのお買いものに便利な無料バス

T ギャラリアと主要ホテルを無料で結ぶ買いもの客のためのバス。T ギャラリアからホテル・ロードの北部を走る北ルートと、ホテル・ロードの南部を走る南ルートの2ルートがあり、それぞれ20〜30分間隔で運行している。赤いシャトルバスと同じ乗場から乗車できる。

※2024年1月現在運行休止中

- 運賃は無料
- 主要ホテルまで送迎
- T ギャラリア以外のショッピングモールには立ち寄らず

ルート	出発地点	始発	終発	運行間隔
北	ホテル・ニッコー・グアム	10:10	23:15	20分
南	ホリデイ・リゾート&スパ・グアム	10:19	23:20	30分

シャトルバスの乗り方

1. 停留所で待つ

ホテル前、ショッピングセンター前などにある看板の前で待つ。赤や青の地に「BUS STOP」と書かれていて目立つのですぐに見つかるはず。

2. 乗車して運賃を払う

乗車したら運転手から乗車券を購入するか、Eチケットを提示。乗車時に降りるバス停を告げておくと安心。

3. 下車する

ほぼすべてのバス停で停車するが、乗客のいないの停車場を通り過ぎるようなら念の為ドライバーに声をかけて降りることを知らせたほうがよい。

そのほかのおもなコース

●恋人岬シャトル ※2024年1月現在運行休止中

恋人岬とT ギャラリア、マイクロネシア・モールを結ぶ。往路のみJPスーパーストア前、マイクロネシア・モールを経由する。13:10〜15:50の間、各60分間隔で運行。料金は往復乗車券+恋人岬展望台入場料で$12。

●ショッピングモールシャトル ※2024年1月現在運行休止中

GPO(グアム・プレミア・アウトレット)、アガニア・ショッピングセンター、Kマート、マイクロネシア・モールを周回するバス。タモンシャトルとの乗り継ぎがしやすく、ショッピングの移動に便利。10:00〜21:05の間、約20〜40分間隔で運行している。

●Kマート←→タモンエリアシャトル ※2024年1月現在運行休止中

Kマートとタモンエリアを運行する路線。タモンエリアの停留所が増え、Kマートに向かう際、より便利に。Kマートではショッピングモールシャトルに乗り換えができる。9:27(パシフィック・プレイス発)〜21:15(Kマート発)の間、約25分間隔で運行。

●チャモロ・ヴィレッジ・ナイトマーケットシャトル 水曜夜

毎週水曜のナイトマーケットにあわせて運行。往路便はグアム・プレミア・アウトレット発。復路はグアム・プレミア・アウトレットへは行かず、各主要ホテルをまわる。往復いずれも2便ずつ運行。行きは17:30、18:15。帰りは19:00、20:10。料金は往復$15(6〜11歳は$8)。

●朝市シャトル(フリーマーケットシャトル) 土曜朝

毎週土・日曜開催のデデドの朝市にあわせて運行。星野リゾート　リゾナーレグアムを5:10に発車し、サン・ヴィトレス・ロードを通ってデデドへ。帰りはデデド7:20発。往復1便のみの運行なので乗り遅れには注意。移動時間を引くと朝市を楽しめるのは1時間半程度。朝市が中止の際は運休となる。料金は往復$20(6〜11歳は$10)。チケットは3時間有効。前日16:00までに要予約。

 ※赤いシャトルバスのほかに、旅行会社が独自に運営するシャトルバスも運行しています。原則としてツアー利用者のみ利用が可能です。

タクシー　Taxi

急いで移動するなら

ドアは手動開閉。運転手が開けてくれることもある。降車の際は忘れずに自分で扉を閉めよう

シャトルバスがない場所や、早朝や深夜はタクシーを使用することになる。グアムのタクシーはシステムが決まっており、すべてメーター付き。ドライバーの身分証明書も顔写真付きで提示されているので安心。料金の目安は、タモンからグアム国際空港までおよそ$20～25。

基本料金	最初の1マイル	追加料金
$2.40	$4	1/4マイルごとに$0.80 待ち時間2分ごとに$0.80

タクシーのつかまえ方

●ホテル　タクシーカウンター、フロント、ベルボーイに頼めば手配してもらえる。

●ショッピングセンター　エントランスのタクシーカウンターへ行って手配してもらう。日本語スタッフがいる場合も多いのでスムーズ。

●電話　自分の名前と現在地を告げて呼ぶ。その際、タクシー番号とドライバーの名前、到着時間を確認しておこう。

そのほか、グアムでは「Stroll Intl」という配車アプリが利用でき、事前にダウンロードしておくと便利。

無料送迎サービスも

●タモン・サンズ・プラザ　タモン・サンズ・プラザとグアム・プレミア・アウトレット間を巡回する無料シャトルがある（10～15分間隔）。

※2024年1月現在運休中

レンタカー　Rent a Car

行動範囲がぐっと広がる

タムニング～タモンの街なかだけでなく、郊外へ出かける予定なら、レンタカーが効率的。空港には大手レンタカー会社の営業所があるので、借りるのも返すのも便利。滞在中1日だけ利用したい場合は、営業所で借りるのがおすすめ。

レンタカーの利用方法

1.予約は日本で

現地でも借りられるが、日本で予約すれば、割安な料金プランや保険フルカバーのプランなども利用できて、お得で安心。入金などの確認後、クーポン券か予約確認書が送られてくる。

2.車を借りる

日本で発行されたクーポン券か予約確認書を持参すれば、現地での契約は、書類に必要な確認事項を記入するだけ。記入事項は、①利用日数②返却場所③宿泊ホテル④日本の住所⑤任意保険加入の有無など。また契約者以外の運転者がいる場合やチャイルドシートが必要な場合はその旨を伝える。

3.返却する

ガソリンは満タンにして返す場合と、返却時に精算する場合があるので、確認を。返却予定時間を超過してしまうと高額な料金を支払うことになるので注意が必要。返却は契約した営業所へ車をもっていき、スタッフのチェックを受け、カギを返却後、最後に明細書(精算)が渡されて完了。

ドライブの注意点やレンタカーの借り方、ガソリンの入れ方などは付録P2・3へ

保険に入りましょう

グアムではレンタカー契約をした時点で、日本の強制保険にあたる対人・対物の保険に自動的に加入されますが、任意保険にもぜひ加入しておきましょう。アメリカは医療費が高く、万一、人身事故を起こしてしまった場合、強制保険のみでは補償しきれないことも。日本で予約できるプランには任意保険がフルカバーのものもあるのでおすすめです。

<レンタカー予約の注意点>

◆入国から30日以内なら日本の免許証だけで運転できます。
◆デポジットとして運転者名義のクレジットカードが必要です。
◆グアムでのレンタカーの運転資格は原則21歳以上（会社により異なる）。21歳未満は追加料金やデポジットが必要なこともあります。
◆4歳未満の子どもにはチャイルドシート、4～11歳で145cm未満の子どもにはブースターシートが必要。予約時に申し込みを。

日本で予約できるレンタカー会社

エイビス・レンタカー　AVIS
URL www.avis-japan.com
日本予約 FREE 0120-31-1911（平日9:30～18:30）
●グアム国際空港　☎671-646-8156 営24時間 MAP 付録P.8 D-4
●タモンメインオフィス　☎671-646-2847
営8:00～17:00 MAP 付録P.6 D-3

ニッポンレンタカー URL www.nipponguam.com
日産レンタカー URL www.nissanrent.com/jp/
ハーツ・レンタカー URL www.hertz.com

いざというとき役に立つ便利な連絡先をまとめました

Yellow Page

現地で役立つ電話番号&緊急連絡先	
日本国総領事館	☎671-646-1290
警察・消防・救急	☎911
航空会社	
日本航空(JAL)	FREE 1-866-299-0423
ユナイテッド航空	FREE 1-800-864-8331
レンタカー会社	
エイビス・レンタカー(グアム国際空港)	☎671-646-8156
(タモン営業所)	☎671-646-2847
ハーツ・レンタカー(代表)	☎671-588-5100
ニッポンレンタカー(タモン営業所)	☎671-646-1243
日産レンタカー(グアム国際空港)	☎671-647-7300
その他の交通機関	
Miki Taxi	☎671-646-2444
日本語の通じる病院	
マイクロネシア・アシスタンス(MAI)(日本語での病院紹介)	☎671-649-8147
グアム・メモリアル病院	☎671-647-2330
グアム旅行者クリニック	☎671-647-7771
クレジットカード会社(会員専用)	
Visa	FREE 1-888-425-0226
MasterCard	FREE 1-800-307-7309
アメリカン・エキスプレス	☎65-6535-2209 (シンガポール/コレクトコールを使用)
三井住友カード	FREE 1-888-281-7787
JCBプラザ ラウンジ・グアム	☎671-646-1294

index

ことりっぷ co-Trip 海外版

グアム

STAFF
●編集
ことりっぷ編集部
アーク・コミュニケーションズ
中川瑶子
●取材・執筆
アーク・コミュニケーションズ
中川瑶子
●撮影
Kayoko Hoshi
HIKARU
野中弥真人
リープコーポレーション
●表紙写真
野中弥真人
●表紙+フォーマットデザイン
GRiD
●キャラクターイラスト
スズキトモコ
ずんだちるこ
●本文デザイン
ヒグジム(杉山綾、杉山幸代、中山奈央、
川原史乃、舘野真喜子)
●DTP制作
明昌堂
●校正
三和オー・エフ・イー
山下さをり
●地図制作協力
五十嵐重寛
安宅直子
●現地コーディネート
リープコーポレーション
●取材・写真協力
グアム政府観光局
リープコーポレーション
AstroArts「星ナビ」編集部・川村晶
グアムの取材協力先のみなさん

2024年3月15日 3版1刷発行

発行人　川村哲也
発行所　昭文社
本社：〒102-8238 東京都千代田区麹町3-1
☎0570-002060（ナビダイヤル）
IP電話などをご利用の場合は
☎03-3556-8132
※平日9:00～17:00(年末年始、弊社休業日を除く)
ホームページ https://www.mapple.co.jp/

※掲載のデータは2023年7月～2024年1月現在のものです。変更される場合がありますので、ご利用の際は事前にご確認ください。
※本書に掲載された内容により生じたトラブルや損害等については、弊社では補償しかねますので、あらかじめご了承ください。なお、感染症に対する各施設の対応・対策により、営業日や営業時間、開業予定日、公共交通機関に変更が生じる可能性があります。おでかけになる際は、あらかじめ各イベントや施設の公式ホームページなどで最新の情報をご確認ください。
※本書掲載の商品の価格は変更になる場合があります。また、売り切れる場合もありますので、ご了承ください。
※乱丁・落丁本はお取替えいたします。

ISBN978-4-398-15610-5
定価は表紙に表示してあります。